SUDOKU FOR ADULTS

The rules of Sudoku are relatively simple and easy to follow:

1.The game is played on a 9x9 grid, which is divided into 9 smaller 3x3 grids called "boxes." Each box, row, and column must contain all the numbers from 1 to 9.
2.Some cells in the grid are pre-filled with numbers. These are called "clues" and are used to help solve the puzzle.
3.The player's goal is to fill in the remaining blank cells with the numbers 1 to 9 such that each row, column, and box contains all the numbers from 1 to 9 without repeating any numbers.
4.A player can not put a number that is already present in the same row, same column or same 3x3 box
5.Players can use the clues and their own logic to deduce which numbers should be placed in the blank cells. There is only one unique solution for each Sudoku puzzle.
6.It's a good practice to keep a note of numbers that cannot be put in certain cells (pencil marks)
7.The game is finished when all 81 cells have been filled in and all the rows, columns, and boxes contain the numbers from 1 to 9 without repeating any numbers.
8.Enjoy and have fun.

EASY SUDOKU PUZZLES

1

	3			8				6
1		8				7	9	
							3	8
3	1	2		7		6	4	9
	8	4			1	3	5	
	5	9			3	1	8	
5	9	6			2	8	7	
8	7	3				5	2	
4	2	1		5		9	6	3

2

9	5	4	8	2	1	6	7	
	8		9	6	3	5		
	3	6	5			8	9	
6						1	8	
				8	5	9	3	6
3		8				2	5	7
				5				8
5	4			1	8	7	2	9
8	6						1	5

3

9	2	7			6	5		
8	5	6			1			4
	4	1					6	
	6		1		3	4	8	
		8	2	4	7		9	
4	9	3	6	5	8	1	2	7
	8		5				3	
1	7	5	3	6	2		4	
	3						5	

4

				2	8			
2				1	4			
				5	3		2	9
		2	4	7	5			
			2	8	6	5		4
5	6	4	1	3	9			2
			5	6	2		4	
4	7	5	3	9	1	2	6	
1	2	6	8	4	7	9		

5

6		1	2	8	9	4	3	5
		2	3	7	6	8	1	9
3	9	8			4	2	6	7
1		7		3				4
		4						
		6						
		5		9	1			
8		9			3		5	
7	1	3	8	2	5	9	4	6

6

9	6	3			1	7	8	
1	5					3		6
7	2	4				5	9	1
6	8					4	2	3
	4	1	3		9	6		5
3	7	5				8	1	9
	3		9				6	
4	9						3	
8	1					9	5	4

7

8			6		1		3	
4		1	5		3		6	8
3	6	7			4		1	5
9	8	4			6	5	7	1
2	7	3	1	5	9			
5	1	6			7	3	2	9
	4	8	9		2		5	3
					8			
					5			

8

9	1		2			8	7	
	2	5	7		9		1	
7	3	8	4	6	1		2	
	8	9	1		6		5	7
1	5						9	3
	7				3		8	1
2	6	7	9			1	3	8
8			3					
					8	7	4	2

9

	8		1					
	1	5	4	6				
	7	4	9				1	
7			6	2	1			
		2	8	7	9	1		
9	6	1	5	3	4			
1	4	7		9	5			
8	2	3	7	4	6	5	9	1
5	9	6	2	1				

10

6		2	9				7	
3	4	9	1	7				5
		7	4				9	
			6	1	4	7	5	
		4	2				1	9
	6	5			9		2	
9			5			1		6
5	7	1		4	6	9	3	
4	2			9	1	5	8	7

11

5	9	2	8	6	1	4	3	7
1			5	4	9	8	6	2
	4	8	3	2	7	1	5	9
3					6	9		1
					3			
					5	3		
7		4	1	3	2		9	8
	8			5	4	7		3
					8			

12

1	4	5				8		6
		6				5		
2	3	8			6	4		1
5		1				6	4	
8	6	3			2	7	5	9
		4			5	1		
4	5	2			8	9		7
6	1	7			4	3	8	5
3	8	9						4

13

		1		5	8			
				3	6	1		
		9	1	7	4	3		
1	6		8	9			3	
			4	2				1
		7	6	1			8	
		3	7	6	1	9	2	5
9	1	6	5	8	2			3
		2	3	4	9	8	1	6

14

3	5	8		4				
6	7	1	8			3	4	9
2	4	9	7	6	3	1	5	8
1	3	2						
5	6		3	1		9	8	2
8	9						1	3
4	1	3		9			2	
9							3	1
7				3				

15

5	8	7		9		3	4	1
3	9	1		4				8
4		6	8	1	3	9	5	7
				5	1			
1		2				5	8	9
6	4	5	9		8	7	1	3
2	6	4	1	7	9	8	3	5

16

9	8	4	3	5	6	1	7	2
7		1		4	2	6	8	5
5	6	2	7	8	1		3	
6			2				4	1
2	4			1			5	
8	1	3	4	7	5	2	9	6
4				2				
	2							
							2	

17

8	9	5			1	2	7	6
3	6	2	8	9	7	1	5	4
7	4	1		6	5			9
		6		1	2	7	9	
2	3	9	7	8	6	4	1	5
1	7		9	5				
6							4	
	2				8			

18

		8	2					
		2	8					
	9					5		
9	2	7	4	1	5	6	8	
8	3	5	9	2	6	4		1
6				3	8	2	9	5
2	5			9	3	8		7
1	8	9			7	3		2
		3	5	8	2			

19

	8							1
	4							7
	6							5
	3					1		4
5	9			3	1	8	7	2
	1						6	3
4	7	9	3	1	8			6
8	5	3	2	6	7	4	1	9
6	2	1	5	9	4	7	3	8

20

				8		4	7	
					4	8		
	8	4		3		1		
		5	2	7	8	9	3	1
					3	2	6	4
3	1	2	4	9		5	8	7
1	5	7		6	9	3		2
			3		1	7	5	9
		3				6	1	8

21

1		7			6			
6			7	3				
3						7	6	9
9	8	4			2			
2	6	1						
5	7	3					2	
4	1					5	7	6
8	2	5	9	6	7	3	4	1
7	3	6	1	4	5	8	9	2

22

3	8	1			9		4	2
7		4						
9		5	4		8	3	1	
2	9	7	5	8	4	1	6	3
1	3					4	5	
5	4	6		3		2		
	7	9		1				4
4	5	2	8					1
	1	3		4				

23

3	9	4		2	1			
2	1					9		4
			9	4			1	2
4		9	1	5	7	2		
1			2	6	9			7
			4			1	9	
6	3	5	8	1	2			9
9	4	1	3	7		8	2	
				9	4			1

24

4		7	5	3	2	6	8	
3	9	8		4	1		5	7
5	2	6	7				1	
9	6		2	7	3	5	4	8
	8		9		4			1
	4		1					
6			3		7	8		
	3							5
	7				5	1	3	6

25

		2		8				
	8							
3	4		2		5			8
4		5	8		9		3	2
9	2	8		3		5		
	3	7	5		2	8	9	4
		4	3	5	8			9
8	5	3	9	2	6			
2			7	4	1	3	8	5

26

1				7				5
5		9		4	1		8	
8	6		2	9	5			
4	5	6	1	8	9		3	
2		7		6				9
		1	7	2	4	5	6	8
7					2	9	5	6
9					6			
6		5	9		7		2	4

27

			3	1		2		6
	8			7	6		4	
	1	9		8		7	5	3
					2		1	
		7	1		8	4	3	5
	3	8	4		5	6	7	2
		6		4	1		2	
8	4	1						7
		3	8	5	7	1	6	4

28

3	4	7	9			1	2	8
9	1	8				4	5	6
5	2		8	1	4	9		
4	8	5	2	9	7	3	6	1
1	6	2	4			7	8	9
7	3	9		8		5		
						8		
2					8	6		

29

		7						9
	8	2			1		3	
3	6	9			4			1
9		6		4	7	1		
7		4	8	1	5		9	
		8		6			4	
6		5			8		7	
2	7	3	4	5	6	9	1	8
8	4	1				5	6	3

30

		4			5	9	8	
		7			9	2	4	
						1	5	
		5			3	8	9	1
		1	9	5	2	6	3	4
		6	4	8	1	7	2	5
		9				5	7	8
			1	9	7	4	6	2
		2			8	3	1	9

31

9	4	8	6			5		
2	6	3		9		4	8	
5		7	8			6	9	3
		6				2	3	9
8				2	7	1	6	5
3		2		6		8	7	
4			2		6			8
7	2					3		6
6	8					9		2

32

	3	2	4	1	6	7	5	8
1	7	6	5	8	9			
4	5	8	7	2	3			
5	2	9	8	3	1	4		6
3	4	1			7			5
6	8	7		4	5			
	9				8			
	6				2			
	1				4			

33

					3		5	
2				7	4		1	
9			5	2	1			
	9	7	4	8	5			
	4	1	7	9	2	5	8	
		2	1	3	6	7	9	4
	2	6	3	4	9	8	7	
4			6	1	7		2	
			2	5	8			

34

6	8	3	1				4	
9	1	5		4		6	8	
2	7	4		6			1	5
7	6	8		2		5		
4	9					8		
5	3			8		4		
3	2			9		1	5	4
8	5			1				
1	4	9				7	6	8

35

			5		7	2	8	
5		8	6		2		7	1
9	7	2	8	1	4	6		
7	2	4	3	6	8	1		
6	8	9	1	7	5			
3		5	4	2	9	8	6	7
4			9	8	3	7		2

36

	2	8		4		3	6	
6	4	1	7		8	9	5	
5	3	9	2	6		4	7	8
2	8				6			
1			4					7
			8		7			6
	1			7	2	6		9
9	6	2	1		4	7		
		3	6	9				4

37

	7				6	3	8	
	5		8	3	7		1	
1	3	8			4		7	6
	4		6	7	3	1	9	8
7	9	1				6	4	3
	8		1	4	9			7
			4			7		1
4	1	7	3			8	6	9
					1			

38

7	9	2		1				
4	6	1	8	9	3			
5	3	8		2	7		4	1
9	7		1			2	8	
8	1	4	2		6			9
6		5		8	9		1	
3		6				1	9	
2	8	7	9		1			
1		9						

39

9	1					4		3
2	5	8	4	3	9			
4	3			1		8		
6		5	1			3		
	2					5		
				5			4	
7	8	3	9	4	2	6	1	5
5			8	6	1	2	3	7
1	6	2	5				8	4

40

	4					3		
8	7		5	4	9	2	6	
						4		
	8	1	9	6	7	5	3	2
6	5	7	4	2	3	9	1	8
3						7	4	6
5							9	3
	3							4
	6	4	3	9	8	1	2	5

41

8	6	5	3	4			2	7
2	7	1	8	6	5	3	4	9
	4		1	7	2	6	5	8
5			2		7		6	1
7			6				9	
			9				7	
	8				1		3	4
1		7	4		6		8	
							1	6

42

5	3	4	6	7	9	2	8	1
1	6	9	5	8	2	7	3	4
			1	3	4	9		5
	4	5		6				
7	8	1	2	9	5	6	4	3
3		6	4	1	8	5		7
					6		5	

43

5		6		9	4		2	
2		7		6	8			4
4		9	5		2	6		
	2	4	8	5	6	1	3	
	6		2	3	1			
1	5	3	9	4	7	2	6	8
8	7		4					6
6	9							
3	4		6					

44

				3		7		1
	1			7		4		
4	7	6		1	8	3	2	9
		1		5		8		
	4			8	1	9		
8				9	2	1		6
1	2	4	9		3			
		5	8		7	6	1	4
	6		1	4	5	2	9	3

45

5			1			7	8	6
8			7	6		5	9	2
7	6		8				4	
6	8		2		5	4		9
9			4	8		6		
4			6			8		5
1			3	7	6	2		8
2	5	6			8			
	7			2	1		6	4

46

2	9	3			4	6	8	7
		6				5	3	1
5		1	6	3		4	2	9
7	1	4	8	2	3	9	5	6
					6	2		4
9	6	2				3		8
6							9	
		9					6	
1				6		8	4	2

47

6	7	9	2			1	4	8
8			1			3	6	2
3		1	8			5	9	7
1						9	2	3
					8	4	1	6
9	6		3			7		5
7			6			2		4
						6	7	9
4		6			2	8	3	1

48

	4	9	2	6	8	1		3
1	6		7		3	9		4
7	3		9			5		
4	8			9	6			
2	5	3	1			6	9	8
9		6	5	8	2	3		7
		1			5			9
3	9	4		2				
		5			9			

49

7	3				2			
8	5					2		9
6	2							
3	1	2					9	
5	7					1	8	2
9		8	2	1				
2	6	7				9	4	1
4	9	3	1	2	6	7	5	8
1	8	5	4	9	7		2	

50

5		2				6		8
4		9		2		3		5
6		3				2		9
	4	1				5	3	
	6	7					9	1
3	9	5	4			8	2	7
1	5	8				9	6	
9	3	4				7	8	2
7	2	6				1	5	

51

		4	7	3	8	2	5	6
7	6	2	5	4	1	3		
8	5	3	6				7	
	4							3
	3	7	4					
		6	2	7	3			
3		5	9	8		6	1	7
4	7	8	1	6	5	9	3	2

52

				6	1	5	9	8
8	1	6	2			3	7	4
5		9			3	1	6	2
	2			3		6	4	5
		5	6	1	7	8	2	9
6	9	8	5	2	4	7	1	3
	5		3		2		8	6

53

8		2	6	3	9	4	5	7
	9		4			6	8	
	4		2		8	3	9	1
1	6	5	7	9	4	8		3
9	3	4	1	8	2	7	6	5
7	2	8	3			9	1	4
4			8					

54

9		1		6	7	3	2	
							5	
5			4		8			
3			6		9	5		1
			2		5			3
8	9	5	3	7	1	6	4	2
2		8			4	7	3	
1		9	7	3	2			
7			8	5	6	2	1	9

55

4	6	8	3	7	9	2	1	5
1	5	7		2		4	3	9
9			4	1	5			8
			5	3	7	9		1
	7	1	9	8	4		5	
5		9	2	6	1			
	1	4		9		5		7
	9							
							9	

56

6		3	2	9	7	4		
	5	9	6		4		7	
4		7		5	3	6		
5					6	1		
8	6		9	4			5	
7		1	5	2			6	4
9		6		1			3	
3			4	6				
		5	7	3	9	8	4	6

57

			2					5
2			1			7		8
1	5			7		3		2
		5			7			3
			3					9
	1	3	5		2			4
6	2	4	7	5	3			1
3	8	7	9	4	1			6
5	9	1	6	2	8	4	3	7

58

5		8	1	7	4		9	
3	9	6	2	5	8	1	7	4
4		7	6					
6		4				7	1	8
	8	3		1		4	6	
1	7	9	8	4	6			
	3			6	1		4	
7		5						
9	4	1	3					

59

9	5	3	7			1	4	8
2	7	1		4		6	3	
6	8	4	1		3			7
1	9	7				3	6	2
8	4	6	3			7	5	
3	2	5				8		4
5						4	7	
7						9		
4	6							3

60

6						9	2	7
			6		9	4	1	5
9		5		7	4	6	8	3
8		1			5		6	9
5	9			6			3	1
	3	6	9	1			5	4
						1		
3	7	2	8	9	1	5	4	6
1						3		

61

4	1	2	7	9	6	5	8	3
			5	4	1		2	
9	6	5	3	8	2	1	4	7
			1	3	4	8	6	5
6	3	4		5				
8	5	1	2	6	7	3	9	4
						4		
	4							
			4					

62

1	8	4	7	6	2	5	9	3
	5	3	4					7
				5	3			8
2	9	8	3	4	6			
7	1	5		2		6	3	4
3	4	6		7		9	8	2
8	6		2	3	7			
5					4			
4								

63

4	2	1	6	9	5			8
	8	5	7	3	2	1		4
3	7		4	8	1	2		5
5	6	4				8		
7	1	3	5	4	8	9	2	6
	9		1	6	3	5	4	7
		7	8	1				

64

	6			3		8	2	4
8		3	2	4	6	7	9	5
4	5	2	7	8	9	6	1	3
						3	5	
	2						4	
	4	5					6	
6		4	8		2	5	3	1
5		1					8	
2		8				4	7	6

65

	3		6		7	8		
8	7	1	4			6	9	2
5			2	9	8	3	1	7
						1	5	
1	8	6		4		7	2	3
7	5	2		3				9
3	4	5	1		9	2		6
					4			
9		8					7	4

66

3		9		4	1			
7		1						
6	8	4					3	1
8	4		6			1		2
	9	5	4		8	3	6	7
2			1					
	1	2						5
9	7	8	2	5	4		1	
5	6	3	7	1	9	8	2	4

67

	6							
	8							
3	2		9				4	
8	5	9	7	4	1	6	2	3
	3					9	1	8
	1	6	3	9	8	4	7	5
	9	2	4			7		1
	7	3			9	2		4
	4	8		7	2	3	6	9

68

		3	4	1	7	9	2	
4	1	2	5	9	6	8	3	7
7		9	2	8	3	4		1
	4		3				7	
			7	4				8
		7	6					4
	7	4		3	2			
				7	4			3
		1	9	6	5	7	4	

69

6	1	3	5	9	8	4	7	2
5	2	8	4			1	6	
	7		1	2	6	8		5
			8	4	9			6
8			7				9	4
	4			6		7		8
4			2				8	
2		7	6	8	1			
3	8							7

70

3	1	2	6	4	7	8	9	5
8	4	6	2	5	9		7	
			3	8	1	4	2	6
	8		9	7	3	6		2
	2	3		6	8	7		9
6	9	7		2	5			8
2								
		1			2			
						2		

71

	1	9			4			
2	6						9	4
	4			1	9		7	2
6		1		4	7			9
	9				1		6	
	8		9		6			1
1	2	4	7		8			
9	7	6	4	3	5	2	1	8
8	3	5	1		2		4	

72

8	6	3	4	9			5	
7	2			5			4	
4	1			2				
9	5	4	8	7	3			
1					5		8	
2	3				9	5	7	4
		2	7		4			
5	4	7	9					8
6	9	1	5	8		4	3	7

73

9	3				8	1	6	4
5	7	4	6		3	9	8	2
6	1	8	9	4	2			
	2	6		9	5	8		
3		5	1		7	6		9
	8	9			6		5	
2	5	7		6	9			
	6						9	
	9							6

74

	9	5	7				8	
			3	9			7	5
7	2	3	8			4	9	
3		6	2			8	5	9
2	5		9		8			3
	4	9			3	7	1	2
9		4				1		8
5			1			9		
1	6	2	4		9	5		

75

1	3	8		2	4	7		9
5	7	2			9	3		
6	4	9		3		1	2	
3		7	9	4		5		1
9	5	1			3			2
4	8	6	2	5				3
					8	2		5
		5			2		3	
2					5			7

76

9			7	2	8	1	3	4
2			5	3	6	7	8	9
		7				6	2	5
	7		3	6		8		
			2	8	9	5		7
	2			7		3		6
					3	2	7	8
4				1	7	9	5	
					2	4	6	1

77

			9			1		
1	5		8					
7	2		5	1			8	
4	6	5	2	9	1		3	7
3	1		7	4	5	2	9	6
9	7		3	8	6		1	4
5	9		4		7			8
			1	5	9		7	2
		7						

78

1	2	4	7	8	6	5	9	3
8		5				1		6
	6	9		5	1		8	4
9	1	7				8	3	5
2	5	3	8	1	7	6	4	9
6	4	8	5	3				1
						4		7
			1	7				

79

1	4	6		5	3			
2	3	8	9	4		1		
9	7	5			1	3		4
3		7						
5		9	3	1	4			
		4		9			3	
4		3	1		2	7		
7		2	4	3		8	1	
		1		7	9	2	4	3

80

5	1		3	7	6	8		2
7			5	8		3	1	
2	3				1			6
9	4				8		3	1
8		5	1		9	4		7
1			7		4		8	
4	8	9	2	6				
		1		4		2		8
		2		1		9	4	

81

5		2	4	1	6	8	9	7
	9		5	7	8		3	
	7		9	2	3			5
1	8	3					5	
2			3	8		9		
	4		2				8	3
	6	5	7				2	
3	1		8	6	2	5	7	
7	2		1					

82

	8					5	6	7
			7	6		8	2	1
6		2	8	5	1	4	9	3
5		9		7	8		1	
2				1	6	9	7	5
1	6	7	9		5		8	4
8			6		7	1		9
			1				5	
	1		5					

83

8	4	6		9			1	
3	9	1						
5	7	2	1	3				
4	2	9		1	3	6	7	5
1	5				2	9	4	8
7	6	8	4	5	9	1	3	2
2		7		4				
9		4			1			
6		5						

84

			6		8			
6	9		1					
			9					
9	8	6	2	4	7			3
1		3	5		6	2		
2	5		3		1			
7	3		8	6	2	4	9	1
	1	9	7			8	2	6
	6	2	4	1	9	3	7	5

85

	3		4	8	6			
1	4		9		7			
	8			3	1			4
5			2	7	4			8
8				9	3		4	
	9		8	1			7	
4			1	5	2			
2	5	1	3	6	9	4	8	7
3	6	9	7	4	8			

86

				5		1	7	9
2	1	5		7		4	8	6
				1		2	3	5
	4						5	2
			5				4	1
5		2	4	6	1		9	3
				8	5	3	6	7
						5	1	
3	5	7	1	4	6	9	2	8

87

			5		2			3
3	5		1	6	9	4	2	
6			7	8	3	9	1	5
			3					
	8	3	4	9				
			2		8	3	4	9
	3			2	4	1	9	6
			9	7	1	5	3	
		1	6	3	5	8		4

88

3	5		7		9	8	4	2
	4					3	9	
				3		6	1	
4				7	6	5	8	
						2	6	
	6	3			2	4	7	1
		4	6		3	9	5	8
6	3				5	7	2	4
9		5			7	1	3	6

89

2	3	6	7		4			
	8	5	1	2	6	3		
	4		8		3	6		2
		2	3		9			6
			6		2			
	6	8	5	4		9	2	
6	2		4	3	7	5		
8	7		9	1	5	2	6	
			2	6	8			

90

9	5	8	6		4			
3	2		9	8		4	7	6
4	6			1	3	8		9
		9	1	3		5	8	
		3	5	9	8	6	2	4
5	8	6		2	7		9	
1								3
		2		5				
					9	2	1	5

91

3	7	9	8	4	2	5	1	6
4	5	6	1		3	2		7
1	2	8			5		3	4
7		5	4		1		9	2
2			9				5	
9		1						3
6				5	4		2	
8			2		9			5
5		2						

92

8	2	9	1	4		6	7	3
4	1	7		3	9			5
6			8	2	7	4	9	
					2	3	6	9
	6			9	1	7		
			3		6			
		6	9	5	3			
5			7	1	8	9		
			2	6	4	5	3	

93

		7	4	9	6	8	2	1
4	2	8	3	1	7	6	5	9
9	1	6	5	2	8	3	7	4
					2	9		
			2	6		7	9	3
						2	8	6
6	7	2	8	3	9	4	1	5

94

			6		5	3	1	7
5			1	3	2	8	9	4
	1	3	4		7	6	5	2
	3	8	2					5
			8		9		3	
			3					
7			9		3	5		
	9	5	7		8	1		3
3	8		5	2		4	7	9

95

		9	2		6	3	8	1
				8			9	4
6		8	1		9	2	7	
				7				2
	8			1	2	9		3
	6		4	9			5	7
				2	4	5	1	6
			9	6	1	7	3	8
	1	6		3		4	2	9

96

		5		4				6
4								
9	3	1	4	2	8		5	7
6	8	2	7	5	9	4		
5	4	7	3			8	2	9
2	7	6	9	3	4			
8		9	1		2	3	6	4
3	1	4	6	8				

97

6	5	9				1	7	4
3			1	4	6	9	8	5
4	8	1	5	9	7	6	2	3
	4	6		5			1	7
1			4		3	5	6	9
9	3	5	7	6	1		4	
	1						9	
				1				
								1

98

			1		7	6		
	9		6	5	8		2	
8	7		2	4	3		9	
7	5	9	3			8	1	2
				7	1	3	5	6
6	1	3	5		2	9	4	7
9	6	2	7	1	5	4		
	4		8					
			4					

99

4		1	9	2	7	3		
	8		6					
			5		8		2	
		6	8					3
5	7		3		1	2		
1	3	8	2			4		9
			7			8	4	1
			1	8	2	7	9	5
8	1	7	4	5	9	6	3	2

100

	6			8	4		9	1
9	8			3	1	2	6	4
1							8	3
8			3			9	7	6
		6	8		9	3	1	5
	9					4	2	8
		8			3		4	9
	3				8		5	7
		9		7	6	8	3	2

101

5	8	7	3	9	2	1	6	4
	4		7	8	6	2	9	5
		6	5	4	1	3		
	3			1	4	7		8
					7	9		3
	7			3		6		1
	5			7		4		
7		4				8		
			4	6		5	7	2

102

			1			7	5	3
		5	7		8	6	4	1
	1			5	3	9		8
5			8	7	2		6	9
	9		3	4	1	5		2
			5	6	9			
			2	3	5			
			9	8		2	3	5
2	5	3		1		8	9	

103

			5	2	1			
6			3	7	8	9	5	2
	5	2	9	4	6			
	2	5			4			
	3	6	2	9	5			
						5	2	6
5	6	3	1	8	7	2		
2			6	3	9	7	1	5
9			4	5	2			

104

5	3	9		4	1		8	
2	8	6				4		
7	4	1					3	5
6		7				8	5	
9	5	3	4	6				
4		8				3	6	9
8	9	4	1			5		6
3	7	2				1		8
1	6	5						3

105

7				6		3		
1	6	9			4	2	8	
		4						
4	1	2	9	5	6	7	3	8
5				4		1		6
	7				1		5	
6	9	5	4	2	3	8	7	1
2	3	1			8			
8	4	7					2	3

106

9		6		7		5		
5		7		1				
2		1	5			7		
7	1			2		8	5	
3	5		7					
8	6		1				4	7
	2	8			5	4	7	
	9	3	8	4	7			5
4	7	5	2	6	1	9	3	8

107

8	7	1	6	9	5	4	2	3
5	9		7	3				8
6	3			8	1		5	7
9								5
4	1	5		7				6
				5	6			4
7			1	4		5		2
1	5		8	2	7		4	9
				6				1

108

4	6	9	7			2	3	5
3	2	7			5	1	4	8
1	8	5	4	3	2	6		
8	7	1		2	4	5	6	
	5	4					2	
	3	2					1	4
	4	6						1
	1					4		2
	9			4				6

109

6	2	5	8	9	3	7	1	4
4	8	9	2	7	1	6		
7	3	1	4	6	5	9		
2	5	3	9			1	7	6
9			1	2	7			
1					6	2		
3		4		1		8		
5			7					
8								

110

				1				
				3		8		
7		3	5	2	9	4	1	8
		5	4	8	3	6		
8	2	4	1	7	6	3	5	9
		9	2	6	7	1	8	4
6	7	8	3	4	1	2	9	5
2		1				7		

111

1		5	7	9		4		
	4		2	6	5	1	8	3
2	6		4	1		9	7	5
	7				6		4	1
6	1	2	9		4		3	
5		4					6	9
	2	6			9			
	9				2	6		
	5	1	6	4	7			

112

6	7			5		8	9	
3			6	7		2	5	
	5		9	4		7	3	6
	6		8	2	9	5		
	8	5	1	3	4	6	2	
1			5	6	7		4	8
	3		4	8	6			5
5		6					8	
					5		6	

113

4			9	3	1	5	2	
1	3	6	2		4	8	9	7
2		5	7	8	6	4	3	1
			3	4	2	9		5
		3		7		6		2
	2			1		3	7	
8		2			7	1		3
3		1						9
			1					

114

8	1	4				5		9
			9			8	1	
			1					
			5		1	4		
1	2	3	4			9		5
4	8	5		9	2	1	7	
	4	6	2	1	9			
2	9	8	7			6	5	1
7	3	1	8			2	9	4

115

	2			6	3			
	3		2				5	6
6		4		9			3	2
				2		5	9	3
3	4	2	9	5	1	7	6	8
9	6	5	3					
2		6			9	3		
	1	7		3	2	6	4	9
4	9	3		1				

116

			6	1	2	5	3	9
		5	3	9	8	7	4	6
		6	7	5	4	1		
6			5	4	1			3
			8		3		7	
			9	2	7	8	6	
			4	3				
4	6	9	2	8	5	3	1	7
			1	7				

117

	8	4		1	7			9
		3		5	6			
5	7		4		9	8		
1	3	6	5		4			2
7	5	8	6	9	2			3
9		2	1	8		6		
			9	4	5			8
4		9		6	8			
		5	7		1		9	4

118

						1		
	1	3					6	
	4		6		1	8		
2	8	7	9	5	4	3	1	6
	3	1		6				
4			1					
3		8	5	1	6	9	4	2
1	2	9				6	5	8
6	5	4	2	8	9	7		1

119

				9	3		7	
7	9	4			1			5
3	2					9		6
	8					6	5	1
5	4	3			9	8	2	7
1	7	6				4	9	3
			7	5	4			8
	5				6	7	4	9
4		7	9			5	6	2

120

9	6	2	4	7	1	8		
1	3		8	6	5			
	4		3	9	2	7	6	1
3	8	6	5	4	9	2	1	7
7	5	4	1	2	8	3	9	6
2		1	7	3	6			
		3	2					

121

	5		9		2			
4	2				1	9		
		8	5		4			
5		2		9	8		4	6
8	3	1		7	6		9	
9	6	4	1		5		8	
2	4	5	8	1			3	9
6	1				3		7	
3	8	7	6		9			

122

7					9		4	5
	4			7	5	2		
	5							
	1	8	5	4	3			
5	6	7	9	2	8	4	1	3
	9	3	6		7	5	8	
6	2	4	3	5		9	7	8
		9			2		5	
1		5		9			2	

123

8				2		3	4	
3	1	4	6	5		2		
		2	3	4	8	1		
2	3	6	4		5	9	7	
4			2			6		3
7		1		6	3	5	2	4
					2	4	5	
	4				6	8		2
9	2				4	7		

124

	4						7	
		2						
9								
1	8	9	4		5	7		
4			9			8	1	5
		5		8	1	4		9
5	6	4				3	9	8
2	9	7	3	5	8	6	4	1
3	1	8	6	4	9	2	5	7

125

		5				8	6	2
	7		5		6	1	3	4
		6		4		7	9	5
	2					6	5	
6						9	2	
		1		6		4	7	8
			1		4		8	6
	1		6		9		4	7
3	6	4	7	2	8	5	1	9

126

	5	3		7		6		
			5		9			2
9	7	8	1	6	2	3	5	4
3	9	5	4	1		2	6	8
7		2	6	8	5	9	3	1
					3	4	7	
	8	9						
5	3				8			6
1		4			6			

127

8	9	7	4	3	1	5	2	6
	6	5	2	7	8			
			5	9	6	8		7
6	5	3	7	4	2			8
7	8	1	9	6	5			2
			1	8	3			5
4	1			2	9	7	5	3

128

4			8	1	7	9	2	5
5	9	1	3	4	2			
8	2	7	5	6	9	1	4	3
				5	8			
				7			1	8
				3			9	
	7			8		2	5	9
9		5		2				
2			7	9	5	3	6	1

129

5		6					4	
		7			4	6	5	1
2	1	4	6	5		9		3
6	4	9						5
7	5	2		4	6		9	8
8		1				4	2	
1		3			9	5	6	
4		8	5	6	3			9
9	6	5						

130

4	7	8	1	6		9	5	
			4		7		6	8
			5			7	4	
7				4			8	
		4					7	9
9					1		3	4
					4	8	1	6
8	3	1	2	5	6	4	9	7
6	4	7	8	1	9		2	

131

	9		8					
	1					9	8	7
	8	7	9					2
7		8	1		9	2		3
3	5	9		2		8		1
1	4	2	3			7		9
	7	4				1	9	8
9	3						2	6
8			6	9	1	3	7	4

132

3	2	5	1	6	4			8
8	6	9	3	7	5			
4	1	7		9	8	5	6	3
		4						
7	8	1	6	2	9		3	5
			4					
9	5	3	8	4	2	6	1	7
		8		1		3		
1								

133

5	4	3	6	7	1	2	8	9
7	6	8	2			1	3	4
2	9	1	3	8	4	5	7	6
1	8	7	9	6	2			
3	2	4						
6	5	9			3		2	
	1			3				
		6	5					
	3							

134

9			2	3				
6			9	7		8		1
	3	5	1	4		9		2
		3		1			5	
		1		5		3	7	
			3		9	2	1	4
	4	9	6		7	1		
3	8		4	2	1	7	9	5
	7	2	5		3	4		

135

4	1		3	8	5	2	7	9
9	7	3		2		5		
2	8	5	7					
5	6	2		7		1		
8		1	2	6		7		
3		7						
1		9		4	7			5
7	5	8		3				
6	3	4	1	5				7

136

3	6	5	8			9	2	4
	7	4		6		1		
	2	1	4	3				
2	1	9	3	5	6	8	4	7
6		3	7	9	8	5	1	2
7	5	8	1	2	4			
							9	8
	8		9					
	9			8				

137

5			3		1		2	
8	3				5	1		
	2	1	8			5		3
7	1				6		5	
2	5	4	1	3			6	7
9	8				2	3	4	1
		8			3		1	9
		2					3	5
3	9	5	6	1	7		8	

138

			1				7	4
8	7	1					9	6
3		4	6	9	7	2	8	1
1	8		5	6		9		
		5	7			1	6	
		2	9	1		7	5	
			3	7		8	2	5
		8	2		9			7
7			8	5			1	9

139

5	2	9		3	4			1
6	4	8	1	7	9			3
				2			9	
9	3	2	7	4				
4			9	8	2			7
8						9	4	2
2		4		9	8		7	5
7	8	5	4					9
	9		2	5	7			

140

5	2				8	6	9	1
		4		2	6		3	
6			9	5		8	4	
3		9	5	8	1		7	6
7			3	4	2		8	9
1	8	2				3	5	4
					4	7		
						4		
4	7	8	2		5	9		3

MEDIUM SUDOKU PUZZLES

1

		4	1		5	6		
			4					
	1	6		2				5
		8			6			
4				1	8	7	3	6
1	6	7	5			2		
							6	
6		1	3		2	9		
5	4	3	6	9	1	8		

2

		9			4			
8	5		2	7	6		9	4
4		2	9					6
9	4			6		5	2	7
2	1	5	7	4	9	6	3	8
		7				9	4	
			6	9		4		3

3

9	5	4			8	7		6
		1	7	5			9	4
3				4	9		5	1
4	3		9		7	6		
1	2	6	3	8	5	4	7	9
7			4	6				
	1			9				

4

3	7	9	1	8	4	6	2	5
2	4	5	3				7	8
8	6	1			5			
	2							
6					7			1
				1	2			
				7			1	
7	1	6		4	3	9	5	2

5

9	2

		9						2
5			9	2				
2	4							
8	9	2		6	3			
3			8	4	2			
		4	1	9		8	2	
						2		
		8	6	5			3	
4	3	6	2	7	9	1	5	8

6

9		8		7				2
		6			5			9
		3				6		
	9		5			2		
	6			3		9	1	
3	2			9			6	
		9						1
	8				3		9	6
6	1	4	9	5	7	8	2	3

7

			7					
			8					4
		5			4	9		8
							1	
		1	4		2		9	6
5	7	2	9	4	8	6	3	1
	6		1	3	7	8	2	5
3	1	8				7	4	9

8

3	1	2	4			7	6	
6			7					
	9					3	5	4
			1			9		6
9								
	3		9			4		5
				7			3	
		3	6	4	1	5	9	7
5	7		3	2		6	4	

9

9								
7	5	4	6	8	1	9	2	
		7				4	3	
1		3		6	8	2	9	5
		5	4	2				1
5	7	9	8	3	6		4	
		6			7	3		9
								7

10

	6	7		1				
	1	5				7		
2	8	4	7		3	1		9
			1	7			9	
7	4	3		9			1	5
	9	1		3			7	2
1	7	9						8
					7			1
					1			7

11

		3						
			5				3	
						9	6	3
3				9		4	2	1
						5	7	8
	5		1	2	9	3	4	7
	3			7		8	5	2
7	4	2	3	5	8	6	1	9

12

			1	5		2		
9	1			8	2	5	6	
		2	6	4			1	
						1	3	5
3		5	9				8	
4	7	1	5	3	8			
7	4	3	2	9	6	8	5	1

13

							5	
		6	4	3				
8			5		7			
6	9	7	2			5	3	8
				8		4	7	6
	8		7	6		2	1	9
2	3							7
	7					1		
	6			7	2	3	9	5

14

							9	5
	9				6			
			9			4		
2	4	1	6					9
9		3	1		2		4	
				9		2	1	3
1	3		5	6	4	9	7	2
6				1	9	8		4
4		9						

15

2	4	8	3	5	6	9	1	7
	1		2	9	4		8	5
9			1	7	8			
5			8	4		7		9
8		9	7		5			
			9	6	3	8		2
	9							
3								

16

						8		4
	4					9		6
	1		4			3		7
						2	4	
	6	4	9			7		5
					4	1	6	9
	9		3	4	6	5		1
6	5	7			9	4	3	2
						6		8

17

7		1				9		
8				9		3		
	2			4	5	6		7
						7	5	8
	8					1	9	3
			3			2	4	6
6						5	7	9
						8	6	1
5	1		9			4	3	2

18

	8		7	1		2		
	9		3	2				1
1			4		5			
	6	1		3			7	
			1				2	
	4	8			7	3	1	9
8								
6	5		8	7	1	4	3	2
4		7	6					

19

		6	3	9		2	4	
	4	9	2		1		3	5
	3		4			9		1
9		3			2			6
		7			9		1	2
	2						9	7
					3		2	9
			5					3
3	6		9					4

20

6			5	9	4	3		
3		5				4	6	
	8		3	6	1	5		
			6			9		
9			1	8	5	7	3	6
			9	4		8		
7				3	6	1	9	
				1		2		
				5		6		

21

	5	7	3	4	2		1	
6	1	4	9	8	5		7	
	3	2	6	7			5	4
7	2	5	8	3	6			
	6	9			4			
		1		2	9	5		
5			4		3			

22

		7			5		1	2
1	2	5	3	7				9
			1					
2				5		9		1
3		1				5		
5	6				7	2		
	1			8				
8	5		7	3	1		9	
			5	9		1	2	8

23

				5	7	9		
9			2		6		5	
	7	5	4		9		3	6
					8		9	5
		7		9	2	4		
	8							3
	2		7	4		3		
	9		8	2	1			
7	5	4					1	2

24

			4	6				3
	6			9				4
							9	6
6					2			8
2		1		4		3	6	5
5	4	8	6	3		7	2	9
	5					6	8	2
		6		2	4		3	
	2				6			

25

7		4						
		2					5	7
		3		7			8	
2	3		7		5		4	
4	7							
		8	3			2	7	
3	4	7	6		8			
6	9	1			7	8	3	4
8	2	5				7		

26

1	4	8	5		6	7	2	3
	5			8		6	9	1
6			3	7	1	4	5	8
9						1		2
4		5				8		9
	3					5		4
							4	
				4			1	
3		4						

27

7			1					8
	3			4			7	1
1		9				5		2
		4				7	1	
						4	9	
						2	8	
8	5					1	2	4
4		2				3	6	7
6	1	7		2		8	5	9

28

1				9		8		7
9			2			5		
7	6				8	9	3	
	1	9						
	3	7					9	
			9			1		
3		1	5	8				
5		4	3	6				
8	2	6		4	1	3	5	9

29

	6					8		4
						7		9
2			8	9		1	6	3
							1	
	2					4	9	8
			3			2	7	
							8	2
5		2		8			3	1
6	8	1	9	2	3	5	4	7

30

	2					7	1	
6			4	9	7			2
		8	1	2	5	3		
8	4	7	2	6	3	9	5	1
5	3	9	7	4	1	6	2	8
	6	1	5		9			

31

					3	1	9	7
	9		1					
	3							
3	6	8	4	1	7		5	
4	1	2	9		6	7	3	8
5	7	9	8	3	2	4	6	1
9			7		1		2	

32

	1				7	2	3	
3	4	9						
7		2				1		8
9			6	4	1	3		2
4	3		7			8		
1	2					9		
			1	7	4	5		
		1			6	4	8	
	9	4				7		

33

			7	8	3	4		6
	8							
	6		4		1	8		2
				3	8	7	6	1
	3		1	7	5	2	4	9
1	7	2		6	4	3	8	5
				1	7			
						1		
				4				

34

				1			2	
							6	1
6		1	2	5	4	8	3	9
					1	7	8	
	1							
7					5		1	
9	3	6	5	4	2			8
1		7	6	9	8	3	5	2
			1					

35

8		1					2	
9						4		1
4		5	1	2	9	8	7	
5	9	4	3			2		8
3		8	9			5		7
6		7	5	8				
		3						
	8	6						
		9			3	6	8	

36

7			5		4	2	9	1
5			1	6	9	4	8	7
1	9	4	7	8	2		3	6
				9			1	3
					1	8		5
8		1	3	7	5	9		2
2								

37

2	5	9	8	3		7		
		7			2		4	3
4	3				7	8	2	5
		3				4		
			3			2		
		5			3	6	8	4
6	2	4	7	8		5	3	9
3	9							

38

1						3		8
8	6	2				5		7
3	7		5	8	4	1	6	2
		3		5				
	1	4						5
	9	1				4	8	
4	3	7	9	1	8	2	5	6
		6						

39

				8		1		
					9			7
		1				8	4	
3			8			9		2
						3		8
1		8	9	3				
6	1	5	2	7	8			3
2		3	5	6	4	7		1
8	7	4		9				

40

		5	4					
	9	6	8	3	7			
						6		
	6			5	2			
	3		6		4	5		
5			7	8	3			6
6	5	9	2	7		8	3	4
	4			6	8			
8				4	9		6	

41

8	5	2	6	7		1	9	4
			4	9	1	8		2
4	1	9	8	5	2		7	
3						4	6	9
			3	4		2	1	8
	4	1		8		5		7
		4						

42

	1	6		8		2	5	
		9		6		1		
7	2			1		3		
				4		7		
	7			3	9	6		
	3	1		7		9	8	
2		7		5			9	
				2		5		1
1	5	3	6	9				

43

	1							5
5	4				7			
	7	8				3	1	9
		5					9	
7		1					5	8
		6					2	
		2	7	6	1	5		
1	5	4	3	8	2	9		
	6	7	5	4	9			

44

9	8	7	3		1			
			4				9	
5				9			7	3
			9		4			7
	7	6	8	3	2		5	
2								
	4	5				3	8	
7					3	5	4	6
	3		5	4		7	1	

45

9	5		3					
			7				9	
	1		9					6
3	2	1	6	4	9		5	
		5	1	3	2			
6	4	9	5			2	1	3
		2	4	5	3			
		8	2	9	6			
			8					

46

	6					1		8
1				8	6	4		
8				1	3			
		6				8		
5				3				
7								
3	5	2	1	9	8	6	7	4
6	8	1						
9	7	4	3		5	2	8	1

47

9	6	1	2			8	4	3
			8		1	2	9	6
	2	8	4	6	9	1	7	5
	9				2	6	8	
				9				
				8		9	5	4
							6	
		6		2	8			
						4		8

48

9	4	3				7		
5	1	2		7			8	
8	6	7			4		9	5
	3	6		4				8
				8				
	8			6				
6	7				2	8	4	3
3	5	8	4	1	7	9		

49

		1	3					
6	3	7	2	1				
9		5	7		4	3	1	
3	1	8	5	4	2		7	
7	5	6	8			1	2	4
			6	7	1	5	8	3
			9					1

50

	2							
3			5	9			2	4
	5							
9	3	2	4	5		8	6	7
		7	9	3	2	4	5	1
5	1	4	7	8	6	2		
2	7	6		1	9		4	

51

				3		6	9	
	2		9					7
9		8						
			5	4	3		2	
5		2	1	8	7	4	6	3
			6	2	9	5	7	8
2		1			4			
7	5			9	2			6
		9						

52

	5			1				6
		2		9			5	4
7					6	8		1
					4	1	3	5
		5			1	9	4	8
4		1			5	6	7	
5				6		4		
		3			8		6	9
			1		9		8	

53

3	4			1			5	
2	7	6			9			
					4	9		
4								
		3					2	4
6	9	2	4	8	3	7	1	5
7	8	5	1	9	2	4	3	6
1	3	4						

54

8	3	7		6	9	4		
				3	1	9		
				4	7	8	6	3
				9	8			
		4		7	2		9	8
9	2	8		1	5			6
			9			5		
	8		1	5		2		
			7			6		

55

	3	1	7	4	8			2
		2	3		1		4	
7		4	6					
4	9	5	1					
			5	7	4			9
	7					4		5
3		9			5			
8		7						
5	4	6		3	7			1

56

6				4	5		3	
1		3		6	8		4	
5	8				7			
		7			6			
3	2				1			
	1				2		7	
7		9				2	8	6
	6	1	8		9	3		
2	5	8	6		3			

57

			3					
6	8	3			1		2	
7	1	4		6				
9	5	2					6	
4	3	8					5	
5	7	6	4		8	9	1	3
2	9	1	5	3	6	4	7	8

58

1	2	6				8		
	8	9		3			1	7
3	4	7						6
	1	8		7				
	6	3	1					
	7	5	2		3	6	8	1
7	3		9					
6	5					3		
8	9		3					

59

5		6						
8	2	1	6				4	
4	3	9			7	6	1	
3			9					
6			7					
								8
		2	3	5	4			7
7							2	4
9	4	3	2	7	8	5	6	1

60

	6	2						
5		1				7		
		7		2	5	6	8	
		6					3	2
		8	2		3		6	5
2						8		
	2					3	7	
3						2	5	
6	7	5	8	3	2	4	9	1

61

4				1		9		8
8								
1			8	5	6	2	4	
3			5		4	7		1
5	1							
6	4	7	1		8	3		
9		1						
7	6	4		8	1	5	9	
2	3							

62

	1							
	2					1	8	
	7	5				3		
	5		4	3	2			7
4	3		9	6				8
	9		8		5		3	4
3	6	9				4	2	1
	8							3
	4		3	2	9	8		

63

				1				9
1	9		2	3			4	
				9	5	1	7	
2			9	7				
9			5					
	5		3				9	
	2	9	1	6	3			
						9		6
4	6	8	7	5	9	2	3	1

64

8	1	3	7	5	9	2	4	6
7	6		4	2	8	3		
4	2		1					
	4		8			5	7	3
			3	9	7			
2	3	7	5	4				
		4	6			8	2	

65

3		8		6				
5		2			8			
7		6			2		8	
9	7	4		8	6			
2								
8				2				
4	8		6	7	1	2		
1	2	3	8	5		9	6	
6	5	7				8		

66

	9		8	6	3	7	4	1
4	3	6				8	5	9
	7	1				6	2	3
3	8		4			1		
			1			5	3	
1	5		6	3				
	1				6			
		3				9		5
	4							

67

1	7	3		6	8		2	5
4				7	3	8	1	
8	9					7		
6	8	9	3		7		4	2
5	1	7				3	9	8
		4	8	9	5	1	6	7

68

		2	1		5			3
		5	4				7	
						1	9	5
2	4	1	5	8			3	
		8	3	4				
	3	9			1	4		8
						5	6	
1		6	9	5		3	8	
		3	6		8			

69

			1	5			9	7
	7	9		8				
			2		9			
			7		8	6		
					4			
		6			1	7	8	3
7	4	8	3	1	2	9	5	6
		5	9	6	7			
			8	4	5		7	

70

		8	1				5	
4	1	5						
	2				5	1		
8			3	7	9		2	
			2	5				
2	5	9		1		3	7	
	3			8	1	2		
	8	2	9	3	7			
				6	2		8	3

71

9	1	3	7	5	8	2	4	6
		6	2	1	4			3
		4				5		
	6						5	
					5		6	
					6	7		
		1						8
4	7	8	9	3	1	6	2	5
					2			7

72

5	1		6			2		
		4				6		9
3			9			1		
1	9	5	3			7	4	2
8		7	2			3	1	
6	2	3	7			8	9	5
	3							
4			8			5		
	5	8						

73

6						1		7
	1			7		8		
7	2	3	1	8	6	9	5	4
9	5	6	3	1	8	7	4	2
	4		7			6		
	7				4		9	
	6			3				
	9				7			
	3							

74

	9		5		3			
					1			
7		4		6		3		
					4	2	7	
5		2	7	3	9	4		8
4			6	2			3	
				9			4	1
8	2	9	4	1	7	6	5	3
	4							

75

	9			5	7	2		
3						5		9
6		5		2	9			
			2					
2			7				9	
7			5					
1	8		4	3	2	9		6
4	6	3	9	7	5	1		
5	2						4	3

76

6	2	1			4			7
3		7			8			1
		8			1			2
7	1	4						8
2	5			8	3			
9		3	7	4				
					9		6	
1	6	9			7	4		
8			4		6			9

77

5	3	2	7	4	6	1		
4								
9				5				
	4					8		1
						7		6
						2		
8	2	9	1	3		6		
3	5	4	6	8	7	9	1	2
7	1	6		9				

78

	7			1	2	5	4	6
							1	
						9	2	
		1			6		5	
				4			8	
	9						3	
6			5	3	7		9	
	3	7		9			6	5
9	8	5	2	6	1	3	7	4

79

	1		8	9		6	5	2
					6	7	1	
	6		2					
6	7	2				5		9
9			7			8	2	6
		5	6	2	9		7	
7					2			
			4		3			7
			9	7		2	6	

80

5	1				2			9
								2
				9		1		5
		2	5	1	7		9	8
6				2	4		1	7
	7			6				4
		4	6		9			
			2		5		4	
		5	1	4	8	9	7	6

81

5		6	8	7	9	1		
		9			4	7		
		7			5			
		1					7	9
	9							
	7			9			6	8
7	6	4	9	1	3	2	8	5
9		2		8	7	6		
						9		7

82

3	9	4	7	2	8			
			4	3	9			7
2	8	7	1	6	5	9	3	4
		6	9	7	3			8
8			6	4	1			
1			8	5	2			
				9	7			
								2

83

4	7	5	6	1				
3	6	8		2				7
1	9						6	
	4	1	2	8	3		9	
2	5	6				3	8	1
8	3	9	5	6	1			
	2		1	5				
5								

84

7		9						5
		2				7		4
5		1						3
		6		3			7	8
3		4	7					9
	7	5	6			3	4	1
		7	8		3	4		2
		3				8	5	7
		8					3	6

85

				1		7		
						1		8
	1					3		
	2				1	8	3	5
1	3		4	5	8	2	7	9
5	8					6	1	4
			3					7
	7		1				2	3
3		2			7		8	1

86

					4			
4								5
5							6	4
2		4			6	5		
		7					4	
				4			2	
	1	2		9		4	8	6
9	4	6	2	7	8	3	5	1
			4	6	1	2	7	9

87

					8		4	9
	3	9	4		6		7	2
	2	4						
2					4			
9								4
4		8						
1	4	5						
3	9		8	4	5	2	1	6
6	8	2	7	9	1	4		

88

	7	4	1					9
	5	2			3	4		1
	9	1						
								6
5	1							4
							5	
1	2	7						
4	6	5			7	2	1	3
9	3	8	5	2	1	6	4	7

89

			2	9		4		5
7	2						9	1
5		4				2		
3	5	1	6			9		7
		9		5			2	
		2					5	
		8						2
4		7	3	2				9
2		5		6		7	1	4

90

		8			6			
			8			1		
2	5	7	4		9		3	1
			7		2	5		
			1	3	5	7		
1	7	2	6	4	8	3		
4	8	9					7	6
6		5	9		7		1	

91

			1	9				6
		9						
				8			9	
		8	5		7	2		9
		2		6	9			
5	9		8	2	1		3	4
			9	1				2
9	2	1				3	5	8
			2	5		9	7	1

92

8			1				9	2
4				7			8	3
			6	8				1
7	4	8	3	6	1	2	5	9
5	1		2		8			
6					7	1	3	
2				1	5	3	6	
3							1	

93

					2			
			1					
				3				
			4	2		8		1
			3	1		4		9
	1	4	8	7	9	3		6
		6	7	5				2
			2	8	1	6	4	7
	7		6	9	4	5	8	3

94

8	5	4	6		1	3	2	
		6		2		4	5	8
9	3	2		8		1	6	7
			2			9	8	6
6						2		
		9			6	7		
						6		
	6			3	2	5	9	4

95

		4	7	2	5	6	1	3
	5		6	1	9	8	4	2
1				3		9	7	5
5			1				3	
				4		5		1
4			5	6	3	7		8
	4		3					7
		5						

96

				2			8	
1	8	4					2	
				8				
			4	6	7		3	2
4			2	3	9		1	
			5	1	8	9		4
6	4	5	8	7	2		9	
3						2		
8		2	1		3			

97

3	2				4	9	6	
4	9	5					7	
7		6	2	9			4	
	3	1			7			
	5	4	1					7
8	6	7					1	
6					5	1		
1	8	2	6	3			5	4

98

					5			
			4					
9	2	8	3	5	6	4	1	7
1	6	5	8	4	7		2	
4	7	3	9	2	1			6
2	1		5		8			
				3	2		9	
5	3				4			

99

			1			2		
	5				7	1	6	8
1				8				4
	9		4	2	8		1	
2		7		1		6	8	5
			5	7	6			9
				3	1	9		2
						5	3	1
		1				8		6

100

6	5		2		8			
9	8			4		5		1
			5	9	3		6	8
					4		5	
					5			
				8	6			
		8		6	1	9	3	5
5	9		8					
		1	7	5	9	6	8	2

101

1		3	2			9		
8	9	6	1	7		5	2	
7	5	2		9				
							5	2
2		5					6	
3		8	5				9	
5	3							
9			3		5			
6		1		2	9		3	5

102

	8	6	1		3	9		
			4			1	7	3
	7	3	2	5		4		
7				4				8
	4		7		5			1
6	2	8		9			5	
	6	7	5			8		9
		1				5		
		4		3				

103

8	2	9	3	4	1	5	7	6
			2				8	
1					8			2
			4					9
9	4	1	8	3	2	7	6	5
	7		1	5	9	4	2	8
			7	8			9	

104

2		4		8	1			
3	8		4				1	
1	7	5	2	3				8
5			3				8	
6		7					9	4
8			9					
4		8	1		3			7
9	5			4			2	1
7				9				

105

	2	8						
						8		
4		5		1				
8	4		6		2	5		
				4				
								8
	8	4	3	7	6		9	5
		7	4	8	9		3	6
3	9	6	1	2	5	7	8	4

106

			6	9	1		5	
			3					
	1		2			3	6	
	9		7					
			4					
			5	3				
		5	8					3
9	3	4	1	2	5	7	8	6
1	8	7	9	6	3	5	2	4

107

		1		7	4	5		
	6			8				3
7	9	5		3				8
		2		1	9			
9		7	4		3			
			5	2	7		3	
4	2	3		9	8	1		5
		9		5				
5		6		4				

108

5		8	9		1			7
2	4	1	7	8	5	9	3	6
9	7					1	8	5
						6	7	4
		7		5		8		2
			2	7		5		3
								8
								1
1				4				9

109

				5		1		2
		1	4			5	3	9
			1			8		6
1	5		8			4		3
				2		6		1
					1	7		8
	7		6	1		9	8	
	8				9	2	1	
	1		2			3	6	

110

1	2	3		4	7			
						3		
6					3		4	
			7				3	8
			3	1				
	3				5			
9	8	5	4	3	6	2	7	1
			8	5	1	6	9	3
3			9	7	2			

111

4		1		7	3			
	5	3		4	8			
		9		2	6			4
		4	2	3				
				8	5	4		1
			6	9	4			2
	4	6	3	5	2	1		
				6	9			
9		5		1	7			

112

				7	9		1	
			4		2			
	4			8		7		
		3	2	1			7	
		4	7	3				1
5		7	8	9	4	3	6	2
				2	8		4	3
4	3				7	1		
				4	3			7

113

6	8			3		7		1
						5		6
7	9			2	6			
3	4	7	2	9	8			5
8	1	9	6	5	3	2	7	4
2	5	6		1		9	3	8
					2			

114

9			4	7				
	1	4			9		7	
6		7	1			9		
1		3						
4							1	
7				1		5		
			7	9	5			
	7	9	8	4	1			
5	4	1	3	6	2	7	9	8

115

				8				9
		7						6
		5					1	
6	8	9	5	4	3	1	2	7
	5	4	9			8	6	3
	2	3						5
5						6	3	
								1
	3	2	6	1		5	7	4

116

7	5	2	8	9	4	6	3	1
9	4		1					2
8	1					9		
4	2	9					6	3
3	7	5			9			8
6	8	1						
1								
		7				3		
5							1	7

117

	7	8	4		2			
			1		3		8	
				8			4	
					8			7
8			2				6	
7	3			4				
	8		7	1	4	6	9	2
9	4	7		2	6		3	
1	6	2					7	4

118

			8	5	9			
			7		4			9
	9		2		1		5	7
	7			4		5		6
				7	2			
4				9			8	
		7	4	1	3			8
8	4		5	2	6	3		1
			9		7			5

119

	7		4					
	1	9		6		4		
	4		1					
3	2	7	6	8	1	5	4	9
9	8	1			4			
4	5	6	3					
	9		2	4	6			
	3	4	9	1				
	6							4

120

	7		4	5	8		6	9
	8			2		4		
6	5			7	3	8	1	
	9			1				4
	2			9	7			
	6		3	4	2	5	9	
	4			6		7		
	1			3				
	3	6		8				

121

			6	5		3	4	
6		3	7	4		1	5	
4			3	1		9	6	
				2	4			
				9				4
	4		1	7				9
7					5	4		
		6	4		7			
		4	9	6	1		7	5

122

6	2							
			7	2	9	1	8	6
		7	5		3	4	2	
			9		6			
				3		9		
9				4				1
			6	9	8		1	
	9	8	4	7		6	5	3
					2	8	9	4

123

3		2	8		9	5		
5			6			9		8
				2	5	4	7	3
2	5				7		4	1
4					2			7
7			5		4			
			2					5
6		5	7	9				4
			4	5		7		

124

1	3							
					6	1	9	3
			1		3		2	
3		1			5	2		
	9	5	2		7			1
4		2		3	1	5		
7				1	9		5	
	1				4			
6	5			2	8		1	4

125

9	2				6		3	1
					1	7		
					3			
	3	4		5	9		1	7
					4		9	
			3		7		4	5
7	6	1		3	8	5	2	4
	5			6	2		8	
					5		7	6

126

3	7	2	9	6	8			1
8		5	7				6	
						8		7
	2		5	7				8
			8				7	
7		8	3	2	9			4
9		6		8	7			3
	8	4				7		
	3						8	

127

			6	1		4	8	
6		1	5				3	
		2	3			6	1	
		4			6	3	5	
		6			3			
		3			5		6	4
				3				6
				6		5		
4	6	7	2	5	1	8	9	3

128

2	5	6	3		8			
		1	2		6	8		
			1	5	7	2	6	
9				8			3	
				3	5			
3				6				
5		3	6	2		7	1	8
			5		3	6		2
			8	7		3		

129

8				1		6	3	
	5	1			6	9	8	7
	7	6				4	1	5
9								1
4		3	6	9	1			8
						2	9	6
7	3						6	4
				3	4			9
				6				3

130

1	9	4				6		
7		2						
3		5						
6				5			1	
4								
5	2	1			3		8	9
8	4	3	5	2	1			
2	5	7						
9		6	7	3	8	5	2	4

131

		8						5
1	2	5		8		3		4
3		4		5				1
5		9						6
7		6			1	5		9
2		1						7
8	6	2		4		9		3
	1	3	2					8
	5							2

132

	2	8						6
		4				3		8
	3	5	8					
8		6	7		1	5		
3		1			5	8	6	
	5	2		8		1	4	
5	6					2	8	
4	1	9			8			5
2	8							

133

	4		8	2	9	3		7
		3					8	
8	9	7	1		5		2	
2	1	8	9	4	6	7	5	3
7							9	2
	3	9	7		2			
	8		5			2		
9	7							

134

8	3	7	5		4			
	1	4					5	7
				7				4
		3	4					
4		6		5			1	2
			7					
7	5	1						8
3	6	2			7			5
9	4	8	6		5	2	7	

135

	6	1	8		9	4	2	
		8	4	1			9	6
9	4	7			6	5	8	1
				4	3	8	5	2
		2		9		6	3	4
4	5	3	6	8	2			
					1			

136

9						1	4	
		2	1	9				
				6				
	3		7		6			
			9		5	6		
	9	6						7
			6	4	9	3	7	8
		3	2	7	1	9	5	4
	7	9	3	5	8	2		

137

					5			
	4	5		2	9		8	1
	9		4		6			
9	6	4			8	5		7
5	3	8			2			
2	7	1			4	3	9	8
	5	3	2		7		6	
					3			
		9			1			

138

5	2	7			1		9	8
		1	9				3	
7	6	8	1	5	3	2	4	9
			2	6	9			
	9	2		7				5
2	7			9			1	
9				1				
				2		9	5	6

139

6	9	7	2	3	5	1	8	
		3	8					7
1			9		4		6	
		4		8	7		2	
7				9	3			
			6	4	2	7		8
	7		4					
			7				4	
		9	3				7	2

140

2	9	3	8	7	5	6	4	1
	8	1	3		4		7	9
	7	4						
			4		7	9		5
9		7		5				
3			6			7		
						4		7
4	3		7				5	
7				4				

HARD SUDOKU PUZZLES

1

						7		
					1			
					2			
	2		8	1				
	1							
					3			
3			6		8	1	7	9
			3	4	5			
8	6	2	1	9	7	5	3	4

2

	3				8			
			7				9	8
8	5			9				1
							8	
	4						1	6
	8				2	7		
	9	2		1		8		
		8	9	4		6		
						1		9

3

		1	6	8				
8	2	9	1			3	6	4
					4	8	7	1
		6	3			7		5
3		4	5					
							2	
			7					
						4	8	7

4

					3			
		5					7	
	1			5			3	
				8	5			2
	5							4
	9	2	4	3	6	1		
5	4	3				9	1	6
2	7	9						

5

	4					2		
		9					3	
5	2	7	3	8	4	6	9	1
4		8						5
		2				9		
			7			8	4	
		1	9	3				
6					2			

6

			6	4		9	1	
			2	7				
			8	1		7	5	
	8			9	4			
9				6	1			
5			3	8	2			
	2				7			
4					6			
	1				8			

7

								6
2			1	7	6		4	5
7	6	4	5					
	9	7						
6	4	2	7					
								7
	2	6						
	7					2	5	
3	1				7			

8

2	8							9
			8	1				
	5		6	7	2			
				8	4			
8								4
			7		3			
5	3	9	4	6	8	7	1	2
7	6							

9

1	9	8						
	6	2						
3	4	7						
			9		3			
6	7	1					4	3
	3	5	7				2	
7		6			9			
		9	4					
4		3						

10

	5							
2	7							
	2		4		7		6	
	3	7						
								7
7	4	2	6				8	
3	6	8		1	4			9
1	9	5	3				4	

11

		7						
1		4						
		3	7		5			
6		8	3		7			
			6		9			3
	3	9		5				
			4	9	3		7	
3			5		8		6	
							3	5

12

		8					3	
2							4	
				8				6
	8							4
	2			4				
				3				
				2	7	4	9	3
7	3						8	2
8	9	2	3		4	6		

13

		4			9			
6					2		3	
				4				9
			2	5				
			9	6				
			4	1	7	2		
				3				2
1	8	2		9	4	3	5	
		9		2				

14

	9				1	2	5	
	5					7	1	
				5	7			
5	1	3						2
6			5					
9				1				
					5			3
		5			9			
	3	9		2	4	5		

15

	1			7				
	2			5			6	
	9	2					1	4
1	8	4		2		3	9	6
9		6	8	4	3			
2		3	9	6	1			

16

				1	2			
			4		7			5
				9				
5	1	4	9	6	3			
						6	5	
				5		1	3	
	5							
		8				5		1
	2				5	7	9	3

17

2								
4	5							
			8		2			
9	2	3	5	8	4	6	1	7
					1		4	9
	1	4	9		7			
					8			
		2						
			4	9			7	

18

	4							
	2							6
						3		4
			9			8		
4		7						
							5	
9	1	4	5	7	6	2	3	8
5	3	8	2	1	9			7

19

5	7					9		
2				8		5		6
8						4		
	2			6				
7	5							
		8		5		3		
4	8	7			5			
		2	8				5	
3	9	5						

20

4								
1					6			
6				8	3			
5	7	9						
	8	1	5	9				
	6	4						5
	5			1		6		
	1							
			7	3	5	8	2	1

21

	5	9		8		3		
	8		4	1				
		4	3			8		
			8				1	
8		1				6		
	9				1	5	8	2
	7	8						6
	4		1					
								8

22

1	7				8		9	
2	8	3	1		9	6		4
						8	1	
	2					1		
			9		6	2		8
			5					1
5		1			4	7	8	

23

1			5			6		
				7	1			3
3				9	6			
	6	1		2	7			
5	4	3				2	6	7
8	2	7	6					
4	8	6						

24

							3	1
			3			9	8	
6			2	1				
		4	1	2				8
	9			5				
	2		8	4				3
			5	3	2	8		
5						1		
					1	3		

25

		5			9			
		1			4			
		8						
					7			
							7	
9	5	7	4	2	1	8		
8	3	2	7	6	5	1	4	9
4	1	6						

26

4				1		6		5
1								
5	6	3	4	2	8	7	1	9
			8				5	1
		2				3		6
	1		6					
	7	1		8		9		

27

			7			2		
6					4			
					8			
	6		9					1
	9		6	8	1			3
		8			5	6	2	9
	4	6				7		8
					9			
5				1	7			

28

							7	
						5	3	
			6			1		
	5	1		4		7		
7	2				9			1
6	8		2	1	7	3		5
	3							
			9					3
						8	5	7

29

		2			5			
				1	2	7	5	8
	9							6
	6					9	7	
	1			6				
	2						3	7
					7		2	5
8				2	6	4	9	1

30

		3						
		8			9			
					1		7	
4								5
			8	6	4			
9	5	2	7	1	3	8		
				2		5	9	7
6					5	3	1	2

31

				3	4			9
				5	7			
								5
		4					9	1
							4	7
	7	1		4	6		2	8
						9	7	3
7			4		3			
			7		9			4

32

3		2				7		
6								8
	5			6	3			
5	8	7				4	9	
9	4	1						
2	3	6		4		5	8	1
				9				
						8		9

33

	2	4			6			
	6							
	9							
6			4		2			
	7				8			
4				6				2
	5	6	2					
			6		5			
7	4		9	3	1	5	6	8

34

		7						
				7		4		
6			1		8			
					1	9	2	6
	6	1			2	7	4	5
					6	1	3	8
1	9		2		4			
						5	1	

35

			5					2
	3		4				1	
9			6					
6					9	2	5	3
		7	1				6	
			2	6		1	7	
								1
7					6			
	5			2			4	6

36

3	7						6	
	8							5
9	1				2			7
	2							
5	3							8
	4				7			3
1	5		9		3			
	9							
7	6	3					5	9

37

				8	4			3
2	3		5	1	6	7		
	5			3	7			
		3		4				1
						3		
		2	3	9				6
4							3	9
		1	8					
			4					

38

		7				8	3	
		1	4					
	3	6	8	7		9		2
7	1	9			4			
3	5	8		1		2		
	6		7	5				9
6	7							

39

9	1		2			8		6
	2	5				3	1	
	8					5	2	7
	5						7	
					7	6	5	
	4						9	
	6	8				7	3	
5				1				

40

2								
						6		
			2	1				
7	1	8		3		2		
6		2	7				1	3
		9		7		3		
4			8		3			
8	3	7		6	2	4		

41

7			5				6	
			9				7	
8		3	2	7			1	
	7	9		5		8		3
5						1		
				4				
		7	3		5	4	9	1
		1		6				

42

			4				1	
			8		5			
				2		4		9
		5		8	4			
			6		3		2	8
		8			2		4	
	2							
8	5	6	2	3	9		7	4

43

	7							
	8	9	2		7			
2	6		1			9	8	7
8	9	5		6		3		
6	4	2						
7	3	1	5					
		6		7	5			

44

	3	2		1				9
9	5	4		8	2	3		1
				7	6			
2		6						
								6
4						6	1	5
					4	9	3	7
			1	5				

45

1	5					3	9	8
		3		8	5	7	1	
		8	3				4	5
			6		2	9		1
8			5			4		9
			9					2
					6			3

46

						4	2	
	4	7	2		1			
2	8			4		1	7	
		1	3					7
		6	7			2		
	2				9		4	
			5			8	1	
							6	
	3			8				

47

			2					
								6
					1			2
						6	7	
					2			
						7		
4	6	8	3	9	7	1	2	5
7	1	3	5	2	4	9	6	8

48

				1			3	2
1				7				6
				9		5		1
8			6	3	9	4	5	7
				2			1	
		4			1	2		9
					2			
				4	3			5

49

4	2	1	7	5	8		3	
							2	
			4			1		
		8			7	2		
1	7	9		3				5
2	4		1			3	9	
		2						
							4	
		4						

50

		9		8				
		4			6			
	1	5				4	9	8
						1	2	6
2	9					7		
9			3		1			
3					7			
	5	2	8	6	9	3		

51

	8							
							1	
7		8	2			6	4	1
1					4			
		2	6	1	8	3	7	9
	7	4		6	1	9	8	2
8	2							

52

9	2	7						
			9				7	2
				2	7	9	8	3
		8	1		2	5		9
		9						
					9			
			2				9	
				9		2		
7		2	3	6				

53

5		9	6		4			3
								9
3	9		1			2	7	
6				2	7	1		
9						3		7
		3	7	9			8	2
8	7	2						

54

			5		1	7	3	6
5	3	1	6	9	7	2	4	8
4	6	7				9	1	5
						1		
					5			
		3	8					
		9				5		

55

	7						9	1
	1		2					
			7	6	1			
	9	2		8		7		
	3		5					
	5				2			
		3		1				
		7		2				
			3	5	7	4	2	9

56

7	1				4	2	8	
9		2	6	1		4	5	
							1	
	5	7		3		8	9	
		1	8			7	4	
			7			6	3	
				6		5		

57

	4					8		
1				8				
								8
								4
	3				7			1
3	5	9	4			6	8	7
2	8			7	6		3	9
	7		3	9	8			

58

1	3		5					
6	5				4		1	3
	8						5	
			2			9	4	
				5	9			
							3	
3						5		
8		5	9		6	3		
			3	7	5			

59

1						3		7
			1					
5	9	2	3	7	4	6	8	1
		5			6			
								4
					8		2	
8	4	9					1	3
7		6			3			

60

2	1	8		9	3			
9	7	6		8	4			
		5		1	6		9	
			6				2	
	5							
				5	1		7	
5							3	
1					5	9		6

61

6			9		3			
1	3	5	2	7	4	6		
			6		1			4
				3		9	2	
		1	7		6	4	5	3
3				9			7	
				6				

62

	9			1		2		3
3			5					
1			3			6		
				6				2
5			2					
2				5			3	4
9					2			8
		7			5	4	2	
		2			1			

63

9			3		2		4	
						3	8	
	2	3			4			1
	9				5	1		8
			8		7			3
					9			4
		8				4	2	9
	6						3	
							1	

64

						1	4	7
5	4	1	7	6	9			
7						5	6	
3					2	7		
						4		8
						9		
4			9	5				
9								
	5	8					9	4

65

4			3			8		
6			2			4		3
3	1	5	6	4	8	7	9	2
						3	2	
					3	6		
						2		
				7	2	1		
			5	3				

66

1	9	8						
6					9			8
7				8				9
	2			4	8			
		6			1	8		
					4	7	5	2
			2		7		8	
	6	7	8		5			

67

	4	5		8				
				7				
	8			2				
	7		5		8		9	
					7			
	5	9	2					
5		7	8	4	2	3	6	1
4							8	
			7				4	

68

			2	1			5	
						8		
4					6			
1				7				
	9	7	6	4		1	3	
	4	5				6	2	7
	3						6	
								4
7						5	1	3

69

		3	2			4		
						3	5	
			9		3			
					8	6	1	
		8						
2		5			1			8
4		2		6				
7	9	1			2		6	3
5		6						

70

5	1	8	6	7	3			
3		6			8			1
7		9		5		6	3	8
1	7	5			6			
	3	2			7			
8								
		7	5					

71

6			1	2	8			
3			7				1	
		1	4				6	
9	6						3	1
	5						8	
						4	7	
	9	6						
			9	7		6		
					5		9	8

72

			3			1		
	6		7		1	4		
		3	1					
			2	3		7	1	
	9		4			6	5	3
		6	5	1	4	8		
		9		2		3		
					3			

73

1			9					
9	6	5	7			4	3	8
			5				7	
2				9	4			
			2	7	5			
5				8	6	7		
6	4	2	8		7			

74

	6						7	5
								6
8			6	3				
2	9	4	3	8	6	1	5	7
6			5			4		
				9				
		6	4	5				
								1
	3							9

75

	7					5	2	9
	9			2				6
	2				1			8
	4						8	
2		6						7
3								4
9	5	2	1	8	6	7	4	3

76

5					3			
			6	9			1	
4								
		3						
						9		
	5			6				
					6			
8	1	5	9	2	7	6	4	3
6	3	4	5	8	1			

77

	8					2		6
		1						8
9		6						5
7			6		2		8	1
2	1		7			6		3
		4			1			
						8		
5			8	1	9			4

78

	2		4	9	6	8	3	1
3					7	5	4	
4								
				6		7		
1		9			2		6	8
				4				5
	5	4						
			6		9			
					4			

79

		4		2				
				4				
	2	6		5				
4			6	7	5		2	
		2				5		
5					2		7	
			2					
			4	1	7	2	6	
2	4	7	5					

80

6			1	7		9		
						1		
				5				
4			8	2		6	9	1
1	6		9	4	5		7	3
				6	1	4	5	
				3		7		4

81

			2			6	7	
1			6					
		8				5		
	1		8					6
7	8	6	9	5	3			
				6				
8			5	7			6	3
2	5			8	6			

82

4		5		6			8	
		7					9	
		9			5			
8	9					1	4	
	7					8		
				1		9		
9	2	6		5		4	3	8
7				4	3			

83

4			8					6
8	6							
			6					
	5							2
	3	2				8	5	
7	4			2				1
	7					2		
	8	6						
2	9	4	1	8	7			

84

3				5				
	9	8		3		5		1
5		4						3
					5			9
		5			8	3		
	4		7					5
			5	9				
						1	5	
					1	9	4	2

85

		5	2					8
			5					1
						6	4	5
8					2	1	5	9
		9	3					
						3	8	4
	6	7				8		
	4	8			3	5		
						4		

86

			3		9	7	5	
							8	4
				8				
				6	3	4	7	
						5		
				4	7			
					2			3
8	2		1	7	6	9	4	5
				3			2	

87

						4	5	
7					9		8	3
						8	3	
							2	5
				4	3	5		
		3	8			2	4	6
4	6	5	9	1	2	3	7	

88

5	8	2				1		3
	7	3			1			
						5	2	
8				6			4	
4	3	7			8	9	1	6
2					7			
	2		9			6		
3								

89

	8			6				
	3			9		7	6	
6		7		4			3	
				8			2	
				5				
		8	1	7			4	
3			6	1				2
5			8		9		1	
8								

90

						1		
1								3
					6			
	2	1	4			7	3	
			6			5	1	
	6					8	4	
9		5			4		8	1
							2	5
					3	9	7	4

91

			8	6				
			5	3				
					1			
		2		8	3	7	1	
1		8		7	5	9		3
		4				6	8	2
	8				6			1
				4	8	3		

92

	5			7				
	9	1		6	3			5
		7	5		4			
	1	4	9		2			
	6	5	7		8	9		
	7			1				
	3							
	4						3	
5	8							

93

			2		8	4		
4			5	6			3	
								5
	8							
	4		9			1		
9	2	4	7	1		3	5	8
	7	6		5	4		9	1

94

3	8	1	9	2	4	6		
			7	1		8	3	4
			3	8		9	2	1
2					8	7		
				7				
	1			6				
						5		
1							9	

95

	6		5					
	7	5			4			6
	3		6					2
7	5	2	8		1			
			3	2	6	7		
		3	9	5	7			
	9							
3		6						
			4					

96

				5				
2			4					5
3		5		9				
9		7		2	4		5	
8	5	2						
4	6	3	5		9			
	9					5		
				4				
5				6	8			

97

		9						
3	8			6	9			
6					7			
					2			
						8		
9		8	5	7	6			
	2		1	9	4		6	
			6	2	5			
1			7			2	5	

98

4		9	7					
		6	1					
2		8	5					
3	9	4		8	1			
5	6	7	4	3	9	2	1	8
			6					
9								
								9
			9					

99

7		5	2		4		9	
9	6	4	3	7	1	5	2	8
1		2		9	5			
	2	7						
		8			6			
		6						
		9		2	3			

100

		9			8	2		
			5					
				3				2
				2	5			6
9				8	4			
			2	7	6		9	
4	9		8	5	3			1
	3		4	9	1			

101

6			9	8	3			7
8			7				6	9
	9		1	5	6			
5			2			9		6
9	6		5			2		
1	4	2	3	6				

102

						9	2	7
						8	3	4
	4		3				1	
6			2	3				
4		7	1				5	
			6				8	
							6	
2			8	5	4	7	9	3

103

				4	6	3	7	1
		4	2	9	3	8	5	6
				7	1			
5			1					7
4		3	7					
	9	7						
			6					
						7		
							6	2

104

6							9	
	3	4				5	2	
5			4	9		6	3	
3	6						7	
	4							
		9						
		8			7			
		6						
4	7	3	1	5	9	2		

105

						9		
2		4	3	6				8
4	3	9	6		7		8	
8	2			3				
7	6	5		8				
	8	7	1		3	6	2	
							5	

106

1								5
	2			1				
8	6							1
		1			3			
3	8	2					1	4
			1					
5			3		2	1	8	
	1			6	8			7
		8			1			

107

2	1	7	8	3	9	4		6
5			2	7	4			1
4				1	5			
		4				1		
				2		6		
								9
	5				7			
				5				
7					2			

108

		1						
	4		8				9	
8				7		4	5	1
1	8					7		
		4						3
2							1	4
4				6				8
	1	8	4	2	9	5		

109

		3					6	
							2	
				9			7	
			5				4	
				6	8			
8					9		1	
1	6	7			5			
5			7	4	3	6	8	1
4	3	8						

110

						5	2	
7		2		1	4		3	6
6	9						1	
			1			2	7	
		1		9		6		3
3				8				
5		4			1	3	8	
							6	

111

						8	5	
	8					9		
						2		6
3							6	
								9
2			7	9			8	5
						6		
					1	4	9	8
9	1	4	6	8	7	5		

112

	5							
		2				7	9	
9							6	
						9		
						2		
		4	9			6	8	5
			4			3	7	9
8	9	6	3	7	5	4	1	2

113

		6						4
				4				
	4			7			5	
					6	4	2	
		5			4			
6	8	4						
8		1		6			4	2
4		7					6	
3	6		4	8				

114

	8		9			4	5	
5				8				
	4		5					3
		4		5		7		
9		5	1	4				
				6			4	5
7					5	8		
	5		2	3				
						5		

115

5			1		2		6	
					3			
6							7	2
8	6		5		9	4		7
		5			7	6		
4	9	7			6	5	8	
		3	7		1			

116

								4
7						3		
	1				2			8
				5	9			7
				7			5	
8	7	5		2	4	6		
		7			1			
5		1			3	2		
		3		8		1		

117

			5					
6				8	3		2	
4		5				3		
	9						7	
5				1		2		9
8							3	
7				2				3
3	2	4	1	9				8
								2

118

							5	
	9	3					4	
				6				9
	4		9			6	1	
1		9				3		
					2	8	9	
2	8	4				5		
5		7				9		1
9						4		

119

				5				
			7			1		
	8		3		4	6		
	9					8		
		5			7			3
								4
	5	8	4	7	9	3		
7	6	3	5	1	2			8

120

	8						5	
3				4			1	
1				5				
	7		1	2				3
2				3		7		9
4	3	6	9	8	7	1	2	
						5		
				6	8			

121

7								
6			9					7
9			8		7			
8	2		7			1		
3			1				2	
5	9	1			3	7		
2				7			9	
1						8		2
4								

122

	3				6			
1								
		8				2		
					5			
								6
			6	5	9	4	3	2
2	6	3	7	4	8			1
9	5	4	1	2	3			

123

3		9		2			7	5
4	5		3	7			9	
		7				1		3
						7	3	
	7			6				2
			7			8		
								7
				3	7		6	
7								1

124

		3	8		9		4	
9	2		4		3			7
4	8				7			
			1			3		
	1	8	3		4			9
			7					
2		7		3				
			6	4				
				7				

125

	8							
	5			8				
						9	1	8
	3		8			7		2
	6		9	4			8	
		8	3	2				
8				1				
	7				8	2		1
						8	6	4

126

		8				5	9	1
1	4	9	8	5	6			
		5			7	4	8	6
		3			9			5
		7			5			
		2	6	3	8		4	
	8							

127

			6	7				
			2	9				
		3	1	5	8		9	
8		6			5		2	
					6			
		4		2				6
	6							
	3	2						
			5	6	2	9	3	1

128

							8	
			9	8				
7					6			
						2		
			4		9	1	3	
						5		
	2			9	7			5
				2			6	
5	9	3	6	1	4	8	7	2

129

9			2	4	8		6	
	4				5		3	2
2			1				7	
						2	4	6
	2		4		1	3		
4	5	8	3	2	6		1	

130

6					4	5	9	
9			5					
5		8	7	9	1	6	4	3
3					2			
8	6	2			9			
	4			5		2		
					3			
					5			
					7			

131

5			7	2	3			
	8		1	4	9	2	3	5
3	2	9	6	5	8	7	4	1
9			5		6			
8		3						
			8					

132

8						9	5	
			9	8	5			
	9	5		7		8		
		1	3	9	6			
		3						9
1	3			6		5		2
		9		5		3		
		4					9	

133

			2					
			8					1
			1		5	6		4
	2	5		7				
			5	8		2	6	7
8				2	1	5		3
		9			2			
				5	4			
			3		8			

134

		8						
6	9			7		8		
			6	8	3	2		
3	1		5	4	8			
			1	9	7			
			3	6	2			
7	8	1		2		5		3

135

		8				1	2	
						5	9	
	7			1		4	8	
						9		
	2				9	7		
3	9	5		7				
				6				5
								4
6	5		1			8	7	9

136

			9	4	5		6	2
				8				5
				3	1	8		
8	7	4	3	9	2	6	5	1
						7		8
	1		5	7	8			
					3			

137

			5	7			9	
7	5	2		8	9	1	3	4
	6		2		4	7		
			4			8	7	
			8			5	4	
	8		7		5		2	
	2							

138

	6	3		7				
	8		6		4		1	
	4	9			2	7		
	2				7			
				6		1		
	1					8	4	5
					5	3	2	1
	5	4		1				

139

6		4						
8		7	1	6				2
9		1	8		5	4	7	6
							4	
4	7						2	
	9	8		4			5	
	8	2	9	7				

140

	6		4					
4								
			1					
	3	2	9	4	7			
			5		6			
							4	7
7					5		1	
						7	3	5
	1		7	2	4	9	6	8

VERY HARD SUDOKU PUZZLES

1

6		2						
8	4	9						
7					8			
		5					2	
9		7						
1	7				9	6		
			3				7	

2

1			3				6	8
2	3	6		5	8			
9						3		4
					4			
						9		1
				7				
			8					

3

		9					8	
				7				1
		1						
		4						3
	1							7
2								8
1						8		6
							1	9
8								

4

	3	4						
					8			
8					1			
	7				6		8	
			7			6		
		5		8				
		2	6					
			8					
	4		2					

5

	3			4	2			
	9			6				1
				8				
	7							
4		6						
					4			
	4	2		3	9	1	6	

6

					2	5		
					3			7
					4			
			1					
						6		
		6						5
3	5	7	2	4	6	8		1

7

					7	3	9	
	4	8						
8	7				1	9		5
2	5		8	6	9			
						8		4

8

		8						
				2				
							1	
3		5		4	9			
			2					
					6		3	
	4							6
					4	7		
			6	5	2			

9

7			2					
			8					3
			6					
			9					
5						2		
	2		4	8				5
8		4	5	6	2			

10

		9		8				6
4								
2				3				
						4		
				1			5	2
	1			2				
							3	5
6		3	7					

11

2		6		9	7	5		
4	1		2					
					9			
			1		8		5	
8								
					6	8	9	5

12

				2				
				4				5
			6	9				
				3				
				6				
2								
7								
1	3		2			7		9
	8	4	9					

13

	3					7	6	9
		9	1	6			4	
		8		3				
		3		4				
	1							
2	9							
		4		9				

14

				7		6		
				5	4	1		
						9		
							6	8
							1	
							2	
	1			3				
						3		1
3					1			6

15

2				8				
			4		6			
		8			2			
		6	2			9	7	8
	2							
	4			9	7		1	
				2				

16

7				2	6	3		
		2			5			
		9		7				2
					4	2		
5	3		2				1	
					2			
							9	

17

				5		8		
			6					
9	7			4	8			3
		7		3	5		2	
				6				1
			9	7				
	6							

18

		6	8					
								5
		2						
2							7	
	5			8				2
7		3						
				1			5	6
	9				5			
		5						

19

			2					5
	8					2		
		1						
	4			9				
	1	9			3	4		
6	3						9	
9					2			
1								

20

						8	9	
5			7		1		2	3
			8					
1			3	5				
	5	1						
2	3						1	5

21

						7		
	6							
		4						
			3					5
			7	4				1
			1		8			
	9	5	4	6	7		3	2

22

8								
7		9				4		
4				6				
	3				2		7	
		8	6					
				8			3	5
	8		3					
3								

23

7		3					1	
	8				3			
					5			
							6	4
								1
1			2	5				
	2	8		3				
4			7					

24

			8					6
			4					
7		9			6			1
								5
							9	
		1		3			6	
							8	
		7		8				
4		8						

25

5		1			9			
8	4		2				6	
					1			
					3	6		
	6				2	3		
					6			
			3					
								6
		9						

26

	7				2			4
	4			8				6
		6						
					8	9	6	5
4	8	5	6	9	7			

27

				4	8	9		
		4	1					
	5						6	
		3	6	9				
						3	9	
	4						8	
8						5		9

28

6	2							
	9		6					
3		9			4			2
1		7						
			9			1		
								4
						6		
			7		8	2		

29

	3							
						4		
			5					
5	6							
3	1	4	7	5	2			
		5		6	3	7	4	1

30

	4			6			9	
			5				8	
					4			
5				9				
9		7				5	6	1
						9		2
8					1			

31

1					8			
8	3							
							7	
3						6	2	1
			3					
		3	9		1			
5						8		
2					4			

32

		6					2	
					5	6	9	
	8			2			6	
					3			
			1		4			
9		8					5	
		4			8	3		

33

6								
			7		9			
		6						
8			5				7	1
				8				2
					6	2		
							6	
4	6		2		3			

34

		1	5					
					2	7		
		5						
					4	3		
		6		9			4	
			8					
			4					
		4		2	1			
		3			5			

35

			4	5		1		
			3					
	4			8				
	7					8		
9			5	4				6
	2	5						
	9			1				
	3							

36

	6							3
		3				7		
			6				3	
			3					
		8				2		
5	2			8			4	
			1		2		7	8

37

			5	7	3			
3								
							3	
				8	9	4		
			4	6	1			5
			2					
	2		6		8			
8								

38

					7	2		
						8		
6								3
				5				8
	5	3	8	7			1	
		2						
		5			6			
							5	9

39

	4						9	
				2				
						9		
7					3			
	7				9			
			3	7			8	
6		4	2	8	5			9

40

	2							
6		9						
			1		5	4		8
				9			7	
	8				7			
1	5		6	8	2		4	

41

			2		8			
	1				5			3
1				3				
9	6							
7		5						
			1					
	7	8	9					1
		1						

42

								2
	6							
9	2							
		6			1			8
	4	9		5	7			
		2					3	
6					3			
		1						
2								

43

	1			8				
			7				5	
				5				
				2				
4								
		1	8		5	4		
9	6							
3								
1			5			2		

44

			2					
						4		
4								
		5						
							1	
7		3						
9						1		8
		1						
			8	1	6	9	5	7

45

		7						
5			1	6			9	
1	6	5						9
					1		5	
	3	9					1	
		2	7	8				

46

5			2	9				
2						1		
	1							
							4	
6					8			
							2	1
				8				
4	6				5			8
7								

47

			5				8	
	8	9	6	7		2		
		3	8				7	
		2						
			1					
	5						2	
7		1	2					

48

			7		4	9		
					1			
	1							
	4							
				8				6
		6						
				2	5	7		
9					8			
			9	1				8

49

		6						
2		3					1	
						6		
9	6							
							9	6
1								
		9				5		
			2	9	7		6	
6								

50

			7	2	5			
				6	8			5
				4	1			
	9	8						
			4	5				
		5						
				1				
	2		6			7		

51

								6
								7
		8	9		7	2		
					5	6		
9						1		
7			2			4		
		5						
		1					8	9

52

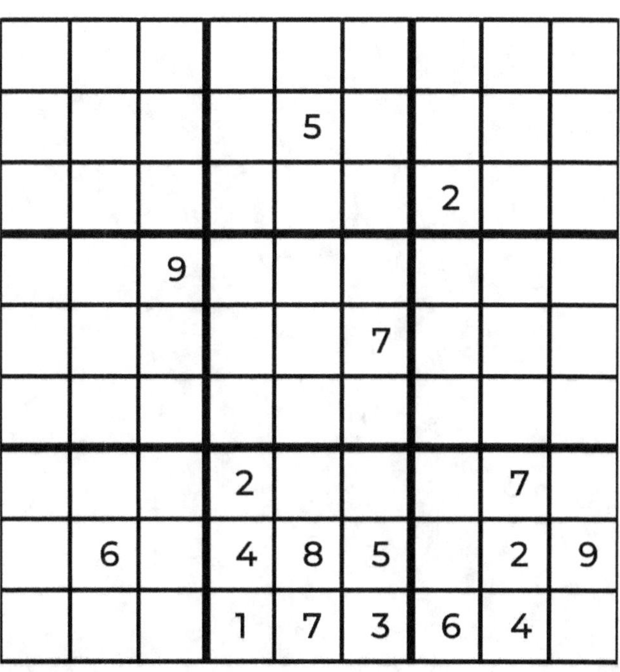

				5				
						2		
		9						
					7			
			2				7	
	6		4	8	5		2	9
			1	7	3	6	4	

53

	5					8		
	4	7						
							3	
			3		2	4	6	
9	1			4		5	2	3
	3	4						

54

							4	
		4			2		5	
				8		6		
				1		4		8
	7	2	6					
	3	1		7		2	6	

55

9	7		5					
4								
	1							7
		6				3		
			7					
		4	6			9		2
	3							
			3					
				9	2			

56

	6				8	3		
						5	1	
				9	1			
8								
	2							
		8						4
			2	3	4	9	8	6

57

	2		4	1				
						3		6
						4		
								5
							4	
				9	1	7		4
				8	4		6	2
		4						

58

		5				8		6
			7	3			5	
			8				6	
	4	3	5		8	6	7	1
5		8						

59

2								
		1	9	7		6		8
		9	6					
6					7		9	
		5		9	4			
4								
						7		2

60

		4			7	2		
2			9					
6						1	5	
		6						
4	7				3			
		1	7		4	5		
		2						

61

						8		7
			2					
			7					
								8
8						5	7	
9						3	8	
			8	7	2	1	4	9

62

			5	1				
8		5						3
			8	7				
				8	9	6		
				4		8		
	1	8		5		9		
					8			

63

				6		9		5
	9	8			4			
		2						7
8								
				2				
					7	6		
				1	8	4	2	3

64

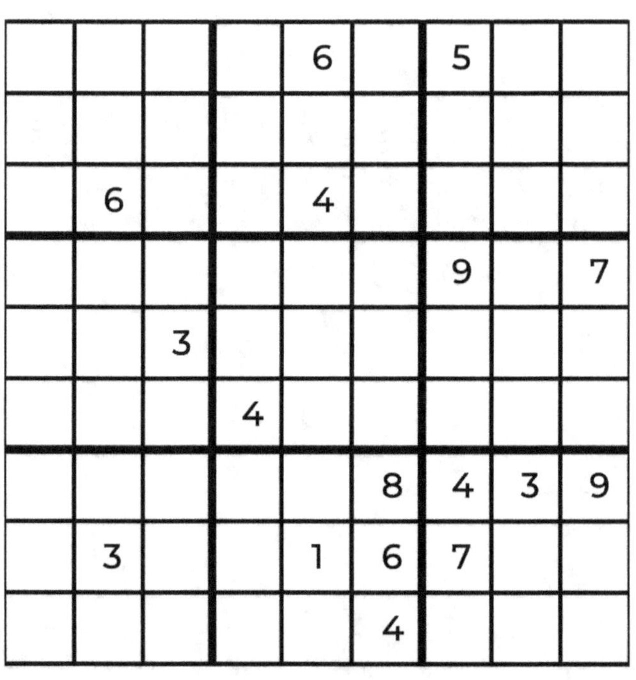

				6		5		
	6			4				
						9		7
		3						
			4					
					8	4	3	9
	3			1	6	7		
					4			

65

			9		2			
				4				8
	5					7		
				8				
3					1			
		5						
5	6							7
	2	4	7				1	

66

				9	2		7	8
						9		
								5
			1				9	
						8	5	
			7		4			2
								3
			8		6		4	

67

				8				9
				5				
				1				
		3	9	6	7			
		7						6
			8	2		4	7	
5	3	8						

68

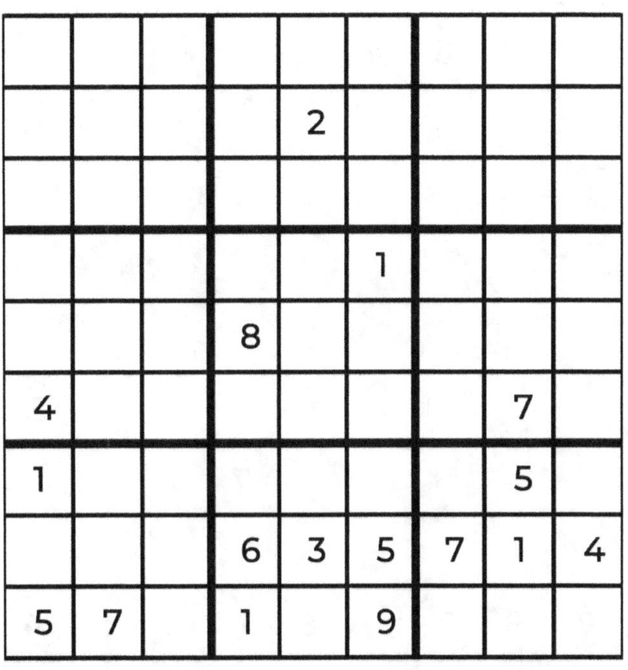

				2				
					1			
			8					
4							7	
1							5	
			6	3	5	7	1	4
5	7		1		9			

69

		6		1			2	
	3						7	
3					4			
					1	9		
				8	7	2		3
	8		1		6			
					3			

70

	4	3	7		8			9
			9					8
	5			3		9		
	2				6			
5							1	
					9		8	
							9	

71

		6	4					
								6
8				7				5
				2				
				5				
								3
					7			
7	9	2		8	1	5		4

72

6					2			
9					7		6	
				5				
	1			7		5	8	6
			8			2	7	3
	7							
			7					

73

		6	3					
4							1	
					4	6		
		3					9	2
2	8	9						
			9	2				
	9					2	5	

74

		9		4				
						8		
					4		6	
					5			
	3			2	9			
						4		
		1			3			
		7		5	1	3	2	

75

							7	
				7	1			
4				3		1		
				1			3	
2								6
				8	2		6	
6				5				3
7								

76

			3		5	6		
					6			3
3							5	
				5		8		
	3		1		4			
			5					
				3				
		3				4	6	

77

			2				5	
9								
	5	1			3	6		
		5					4	
				9	2		6	
7					4			
			1	4				
		6						

78

		3						
								9
			1	4		5		
				5				
	6			2	8	1		3
	2							
	9					3		
			8	9		4		

79

5						8		
4	8	2	7	1	6			
		7	8	3	5			
							4	
			5		3			
				6		7		

80

					7			
						3	6	9
4	9							
3					6			
				2	3			
9					4		3	8
			5		9	7		

81

	9							2
2	8				9			
	6				2			
			9				5	
		2				7		
			1					
				9			1	
		9						
8		5						

82

		7	6					5
		8			2	4	3	
					4		7	
1								8
	8	6						7
		9						
		5		1				

83

	9							
	7				3			
	3	6			1			
					5			
				2				
						9		
			9			7		
1	4	9	7			8	3	

84

2		5						
1				6				
					6		4	
	9	3						7
4			6		8			5
					5	6	8	4

85

1	6							
8		5						
			6					
	4					8		
7		2					1	
							3	
			5					
	9					6		
		7	9	8				

86

				1			2	
		7		6				
		1			3			
		5					8	
1				4		3		
			5				9	8
9	8	6						

87

								6
								9
								4
					6		4	
		3				9	6	
		6			1		3	
8							9	
5				4	2	6		

88

								1
	7							8
			9	4		7		
			8	7	9			3
				1				9
	9							
1								4
		5						2

89

	4							
	9							
	8			7	3			
		8						
								6
3		1			4			5
8						2	9	4
4		9						

90

7		4	1					
8	1	6				2	9	7
				7				
2			5				3	
	7		9					
							2	6

91

	5						7	
8	7	2		6				
			4		7	1		8
		3						
							6	1
	6							
	1			8				
							1	

92

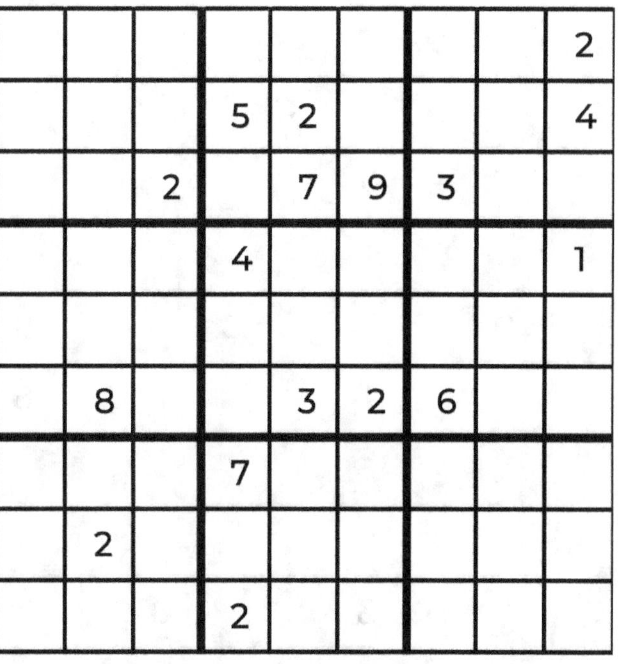

								2
			5	2				4
		2		7	9	3		
			4					1
	8			3	2	6		
			7					
	2							
			2					

93

	9			3				
							9	
			9		4			
					1	9		
					9			6
9					7	3		
								9
	2							
	6			9	2			

94

	8							
2								3
		7				1		
	4	8						
8								
3							7	
9		6	2	4		3	1	8

95

		9	6					
		8		3				
		5	7					
	9				3			8
			1					6
			8					
			9					4
		4	3			8		

96

		2	4			8		
				1	9			
							8	
					7		2	
	6	7	1				4	
7						4		
					4			8
	3							

97

							9	
	6		7				3	
	4						6	
			8	3				6
						5		
						3		
	7					6	1	
								3
6						7		

98

1								
						1		
			2	3				
3					5			
		4						
	5		4		3			
				6	2			
6								2
				7	9	4		

99

						9		8
								5
	7	3	4			6	8	2
			2		8			
9	8	2						
2				1	6			

100

						6		
	3							
2	6	1				3		
		8				4	3	6
3	2					5		
			5					8
					7			3

101

					6	9		8
8							6	
						1	3	
						7		
5	3	8	4					
				8				
			2			8		
2	8							

102

8			5			4		
	4	1				6		
	6	2	4	1			3	
						2		
	8	9						
					3			
4					5			

103

	5		6		7			
					5			3
				9	8	6	5	
				8				
1			7	5	6			
5			9					
			5					

104

					3		1	
4					6			
		7		3	1			2
	4						8	5
				8				
3								
9		2					7	
7								

105

			9		7			1
4			2		3	6		
3								
5	3	8	1					
				3		9		
		2						3
					4			

106

9				8				
							9	
5	9			6				
						1	5	
		2	7					6
		9			7	4	6	1
				9				

107

					4			9
	7	4						5
	9				3			
			9	4				
7	5	9						4
4	2	1		5				

108

							7	
				4	7			
							4	
	6		9	7				
7	2							1
5		3						7
				5				
						7		6
	1							

109

		6				5		
2		4	8				7	
			3			4		
							8	
				1		9		2
					3			
	6						3	
			4					7

110

	8							6
					8			
	2	7				8		
			9					
	1			4		5		
9				7	6			8
5		2						
								5

111

	4			8			1	3
								4
						8		
	3	9				5		
5						3		
						1		
7		2			6		8	
				5				

112

				6	4			
8		7						
					7			
2				7			5	
					1		4	
			7					
			5		9			6
5		3					1	

113

	6		1			4		
			2					
	5							
	2						7	
		8						
							1	2
		6					8	
					5			7
4	7							6

114

	7	3				2		
			4					
		2	6					
9							1	
6	3							
5				7				
				3				
						3		9
3		8						

115

			5		3			
			2					
			1		4			
		1		5		6		3
			8					
			6	4				
	4		7					
			3		8		9	

116

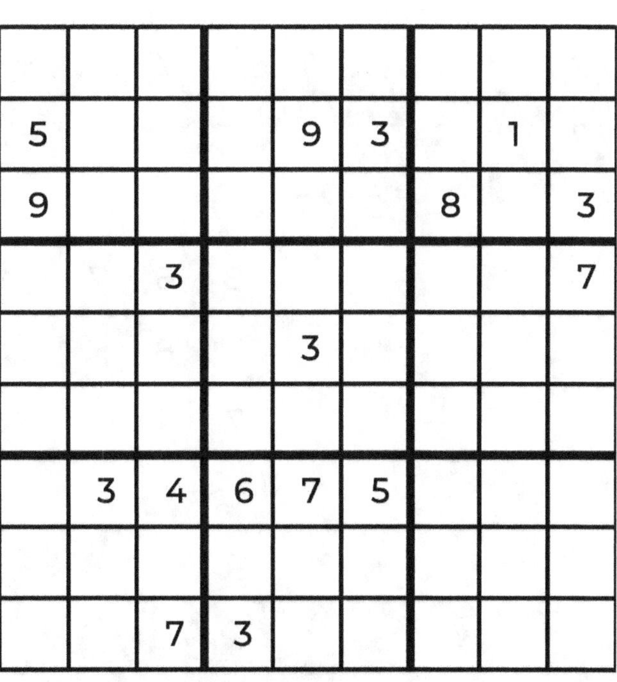

5				9	3		1	
9						8		3
		3						7
				3				
	3	4	6	7	5			
		7	3					

117

				4				
					9			
								9
						3		
		6						1
		3			1	9	4	5
2		4	8		3			
6	1							

118

		8						
3				2				
		6		9				
						3	5	9
9	7	4	8	3	5	2	6	1

119

2				1		7		5
7								6
			3	7				
1					8	6	7	
			9			8		
					7	4		
					4			

120

			5					
			6	1			2	8
						5		
				6	9			
			3		4			
					8			
	5		9					
				3				
6	1	2						

121

						3		
5		4	3					
	8							
			7					1
			2					
		6	9			5	1	
2		9	8	5				7

122

	7							2
		3						
9	1					4		
						1	2	
3								
			5					
		7						
		9		5	7	8	3	1

123

							3	
	4							2
			4			2	5	
7								
	1		5			9		8
2		9						
		7		3			9	
							2	

124

		5						
	3	9					8	1
	7							5
8			2				4	
	6	1				5		
			3					
							5	
				1				
								6

125

			9	2				
		2						
				3				
		6					9	
				7				1
	8		1	6	2			
			5				1	
	4	1	7					

126

					4			
1								7
						2		
	7							
	4				9	8		
	1		5	4				
			8	3	6	4	2	1

127

		7						
4	1					7		
					1			
1		6			2	5		
5	3	8				2		
					5		8	
								3
								2

128

		3		2		9	5	
								2
			9		1			8
6				9			8	
	9				6			
	1						9	
							4	9

129

			5					3
		4						
					5	4	2	
4						5	6	
	5				4			
								5
						1		6
9							7	4

130

						2		
	2							
		2				4		
								6
		3						2
				4				
					7		6	3
	9	8	5	6			2	4

131

					2			
2								
						9		1
		2						7
			4			3	7	6
8	6		3	5	7			4
7								

132

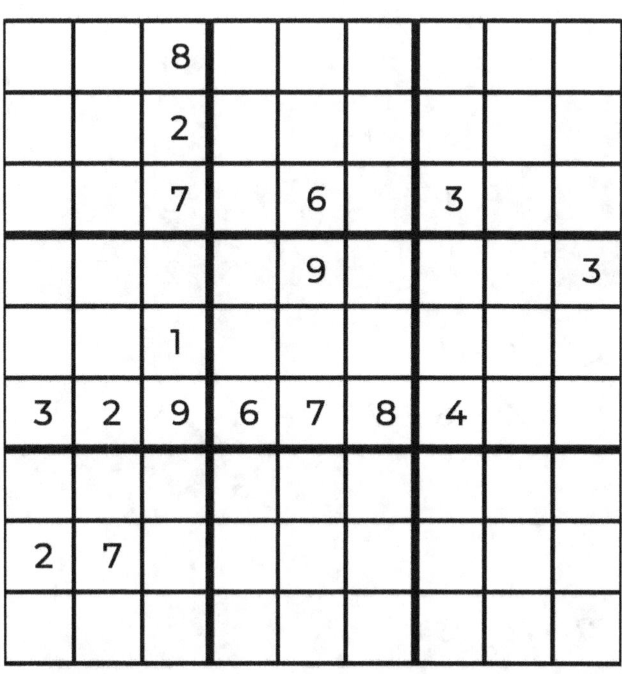

		8						
		2						
		7		6		3		
				9				3
		1						
3	2	9	6	7	8	4		
2	7							

133

							6	
								3
				3			5	6
			2					9
	8	4				1		
2			4					
								4
5	4	9	8					

134

2								
		3	6				9	
						7		
		4						
8					4			
			3	2	8	4	6	
5								
6						8	5	

135

						4		
			4					
		1			7	6		
						2	7	
	7							
	3	6	7					
					5			
				7				3
7	2	3						

136

		5						
						8	5	
	6			5	9			
1			5					2
6				3			9	
3				1	4			
				7	2			

137

9								
		3		5	4			
8								
6		8		7				3
			9	3				
						5		7
				8				4
							6	8

138

9			2			5		
			6	5	9			3
8								
	3		5			1		
6			7					
	7							
	9							
				2		6		

139

		2			9			
				1	3			8
				4				7
	8						9	
				9	5			2
			9	5				
	5			3	7			

140

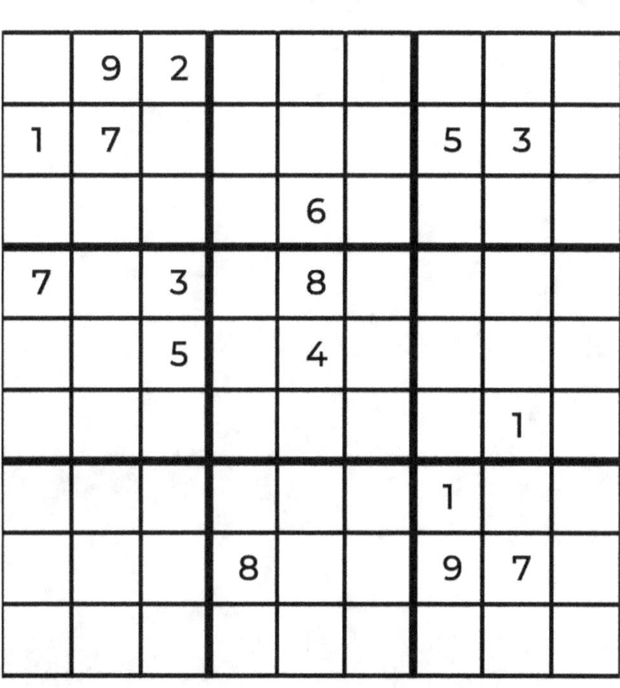

	9	2						
1	7					5	3	
				6				
7		3		8				
		5		4				
							1	
						1		
			8			9	7	

EASY SUDOKU SOLUTIONS

1

2	3	5	7	8	9	4	1	6
1	4	8	2	3	6	7	9	5
9	6	7	1	4	5	2	3	8
3	1	2	5	7	8	6	4	9
6	8	4	9	2	1	3	5	7
7	5	9	4	6	3	1	8	2
5	9	6	3	1	2	8	7	4
8	7	3	6	9	4	5	2	1
4	2	1	8	5	7	9	6	3

2

9	5	4	8	2	1	6	7	3
2	8	7	9	6	3	5	4	1
1	3	6	5	4	7	8	9	2
6	9	5	7	3	2	1	8	4
4	7	2	1	8	5	9	3	6
3	1	8	4	9	6	2	5	7
7	2	1	3	5	9	4	6	8
5	4	3	6	1	8	7	2	9
8	6	9	2	7	4	3	1	5

3

9	2	7	4	3	6	5	1	8
8	5	6	9	2	1	3	7	4
3	4	1	7	8	5	9	6	2
7	6	2	1	9	3	4	8	5
5	1	8	2	4	7	6	9	3
4	9	3	6	5	8	1	2	7
2	8	4	5	1	9	7	3	6
1	7	5	3	6	2	8	4	9
6	3	9	8	7	4	2	5	1

4

6	9	1	7	2	8	4	3	5
2	5	3	9	1	4	6	8	7
7	4	8	6	5	3	1	2	9
8	1	2	4	7	5	3	9	6
9	3	7	2	8	6	5	1	4
5	6	4	1	3	9	8	7	2
3	8	9	5	6	2	7	4	1
4	7	5	3	9	1	2	6	8
1	2	6	8	4	7	9	5	3

5

6	7	1	2	8	9	4	3	5
4	5	2	3	7	6	8	1	9
3	9	8	1	5	4	2	6	7
1	2	7	5	3	8	6	9	4
5	3	4	9	6	2	7	8	1
9	8	6	4	1	7	5	2	3
2	4	5	6	9	1	3	7	8
8	6	9	7	4	3	1	5	2
7	1	3	8	2	5	9	4	6

6

9	6	3	4	5	1	7	8	2
1	5	8	2	9	7	3	4	6
7	2	4	8	3	6	5	9	1
6	8	9	1	7	5	4	2	3
2	4	1	3	8	9	6	7	5
3	7	5	6	2	4	8	1	9
5	3	7	9	4	2	1	6	8
4	9	6	5	1	8	2	3	7
8	1	2	7	6	3	9	5	4

7

8	5	9	6	2	1	4	3	7
4	2	1	5	7	3	9	6	8
3	6	7	8	9	4	2	1	5
9	8	4	2	3	6	5	7	1
2	7	3	1	5	9	6	8	4
5	1	6	4	8	7	3	2	9
6	4	8	9	1	2	7	5	3
7	9	5	3	6	8	1	4	2
1	3	2	7	4	5	8	9	6

8

9	1	4	2	3	5	8	7	6
6	2	5	7	8	9	3	1	4
7	3	8	4	6	1	5	2	9
3	8	9	1	2	6	4	5	7
1	5	2	8	4	7	6	9	3
4	7	6	5	9	3	2	8	1
2	6	7	9	5	4	1	3	8
8	4	1	3	7	2	9	6	5
5	9	3	6	1	8	7	4	2

9

3	8	9	1	5	2	4	6	7
2	1	5	4	6	7	8	3	9
6	7	4	9	8	3	2	1	5
7	5	8	6	2	1	9	4	3
4	3	2	8	7	9	1	5	6
9	6	1	5	3	4	7	2	8
1	4	7	3	9	5	6	8	2
8	2	3	7	4	6	5	9	1
5	9	6	2	1	8	3	7	4

10

6	1	2	9	5	8	3	7	4
3	4	9	1	7	2	8	6	5
8	5	7	4	6	3	2	9	1
2	9	3	6	1	4	7	5	8
7	8	4	2	3	5	6	1	9
1	6	5	7	8	9	4	2	3
9	3	8	5	2	7	1	4	6
5	7	1	8	4	6	9	3	2
4	2	6	3	9	1	5	8	7

11

5	9	2	8	6	1	4	3	7
1	3	7	5	4	9	8	6	2
6	4	8	3	2	7	1	5	9
3	2	5	4	7	6	9	8	1
4	1	6	9	8	3	2	7	5
8	7	9	2	1	5	3	4	6
7	5	4	1	3	2	6	9	8
9	8	1	6	5	4	7	2	3
2	6	3	7	9	8	5	1	4

12

1	4	5	2	9	3	8	7	6
7	9	6	4	8	1	5	2	3
2	3	8	5	7	6	4	9	1
5	2	1	7	3	9	6	4	8
8	6	3	1	4	2	7	5	9
9	7	4	8	6	5	1	3	2
4	5	2	3	1	8	9	6	7
6	1	7	9	2	4	3	8	5
3	8	9	6	5	7	2	1	4

13

3	4	1	2	5	8	7	6	9
7	5	8	9	3	6	1	4	2
6	2	9	1	7	4	3	5	8
1	6	4	8	9	5	2	3	7
8	3	5	4	2	7	6	9	1
2	9	7	6	1	3	5	8	4
4	8	3	7	6	1	9	2	5
9	1	6	5	8	2	4	7	3
5	7	2	3	4	9	8	1	6

14

3	5	8	1	4	9	2	6	7
6	7	1	8	2	5	3	4	9
2	4	9	7	6	3	1	5	8
1	3	2	9	5	8	6	7	4
5	6	7	3	1	4	9	8	2
8	9	4	6	7	2	5	1	3
4	1	3	5	9	7	8	2	6
9	2	5	4	8	6	7	3	1
7	8	6	2	3	1	4	9	5

15

5	8	7	2	9	6	3	4	1
3	9	1	5	4	7	2	6	8
4	2	6	8	1	3	9	5	7
8	3	9	7	5	1	4	2	6
1	7	2	3	6	4	5	8	9
6	4	5	9	2	8	7	1	3
2	6	4	1	7	9	8	3	5
7	1	3	4	8	5	6	9	2
9	5	8	6	3	2	1	7	4

16

9	8	4	3	5	6	1	7	2
7	3	1	9	4	2	6	8	5
5	6	2	7	8	1	4	3	9
6	5	9	2	3	8	7	4	1
2	4	7	6	1	9	8	5	3
8	1	3	4	7	5	2	9	6
4	7	5	1	2	3	9	6	8
3	2	6	8	9	4	5	1	7
1	9	8	5	6	7	3	2	4

17

8	9	5	3	4	1	2	7	6
3	6	2	8	9	7	1	5	4
7	4	1	2	6	5	3	8	9
5	8	6	4	1	2	7	9	3
2	3	9	7	8	6	4	1	5
1	7	4	9	5	3	6	2	8
6	5	3	1	2	9	8	4	7
4	2	7	5	3	8	9	6	1
9	1	8	6	7	4	5	3	2

18

3	1	8	2	5	9	7	4	6
5	7	2	8	6	4	1	3	9
4	9	6	3	7	1	5	2	8
9	2	7	4	1	5	6	8	3
8	3	5	9	2	6	4	7	1
6	4	1	7	3	8	2	9	5
2	5	4	1	9	3	8	6	7
1	8	9	6	4	7	3	5	2
7	6	3	5	8	2	9	1	4

19

3	8	5	4	7	6	9	2	1
1	4	2	9	5	3	6	8	7
9	6	7	1	8	2	3	4	5
7	3	6	8	2	5	1	9	4
5	9	4	6	3	1	8	7	2
2	1	8	7	4	9	5	6	3
4	7	9	3	1	8	2	5	6
8	5	3	2	6	7	4	1	9
6	2	1	5	9	4	7	3	8

20

5	3	1	9	8	2	4	7	6
7	2	6	5	1	4	8	9	3
9	8	4	6	3	7	1	2	5
4	6	5	2	7	8	9	3	1
8	7	9	1	5	3	2	6	4
3	1	2	4	9	6	5	8	7
1	5	7	8	6	9	3	4	2
6	4	8	3	2	1	7	5	9
2	9	3	7	4	5	6	1	8

21

1	5	7	8	9	6	2	3	4
6	9	2	7	3	4	1	8	5
3	4	8	2	5	1	7	6	9
9	8	4	5	7	2	6	1	3
2	6	1	4	8	3	9	5	7
5	7	3	6	1	9	4	2	8
4	1	9	3	2	8	5	7	6
8	2	5	9	6	7	3	4	1
7	3	6	1	4	5	8	9	2

22

3	8	1	6	5	9	7	4	2
7	6	4	1	2	3	5	8	9
9	2	5	4	7	8	3	1	6
2	9	7	5	8	4	1	6	3
1	3	8	2	9	6	4	5	7
5	4	6	7	3	1	2	9	8
6	7	9	3	1	5	8	2	4
4	5	2	8	6	7	9	3	1
8	1	3	9	4	2	6	7	5

23

3	9	4	6	2	1	5	7	8
2	1	8	7	3	5	9	6	4
5	7	6	9	4	8	3	1	2
4	6	9	1	5	7	2	8	3
1	8	3	2	6	9	4	5	7
7	5	2	4	8	3	1	9	6
6	3	5	8	1	2	7	4	9
9	4	1	3	7	6	8	2	5
8	2	7	5	9	4	6	3	1

24

4	1	7	5	3	2	6	8	9
3	9	8	6	4	1	2	5	7
5	2	6	7	8	9	3	1	4
9	6	1	2	7	3	5	4	8
2	8	3	9	5	4	7	6	1
7	4	5	1	6	8	9	2	3
6	5	4	3	1	7	8	9	2
1	3	2	8	9	6	4	7	5
8	7	9	4	2	5	1	3	6

25

5	6	2	1	8	3	9	4	7
7	8	1	6	9	4	2	5	3
3	4	9	2	7	5	1	6	8
4	1	5	8	6	9	7	3	2
9	2	8	4	3	7	5	1	6
6	3	7	5	1	2	8	9	4
1	7	4	3	5	8	6	2	9
8	5	3	9	2	6	4	7	1
2	9	6	7	4	1	3	8	5

26

1	2	4	3	7	8	6	9	5
5	7	9	6	4	1	2	8	3
8	6	3	2	9	5	1	4	7
4	5	6	1	8	9	7	3	2
2	8	7	5	6	3	4	1	9
3	9	1	7	2	4	5	6	8
7	1	8	4	3	2	9	5	6
9	4	2	8	5	6	3	7	1
6	3	5	9	1	7	8	2	4

27

7	5	4	3	1	9	2	8	6
3	8	2	5	7	6	9	4	1
6	1	9	2	8	4	7	5	3
4	6	5	7	3	2	8	1	9
2	9	7	1	6	8	4	3	5
1	3	8	4	9	5	6	7	2
5	7	6	9	4	1	3	2	8
8	4	1	6	2	3	5	9	7
9	2	3	8	5	7	1	6	4

28

3	4	7	9	5	6	1	2	8
9	1	8	3	7	2	4	5	6
5	2	6	8	1	4	9	3	7
4	8	5	2	9	7	3	6	1
1	6	2	4	3	5	7	8	9
7	3	9	6	8	1	5	4	2
8	7	1	5	6	3	2	9	4
6	5	4	1	2	9	8	7	3
2	9	3	7	4	8	6	1	5

29

4	1	7	6	2	3	8	5	9
5	8	2	7	9	1	4	3	6
3	6	9	5	8	4	7	2	1
9	2	6	3	4	7	1	8	5
7	3	4	8	1	5	6	9	2
1	5	8	2	6	9	3	4	7
6	9	5	1	3	8	2	7	4
2	7	3	4	5	6	9	1	8
8	4	1	9	7	2	5	6	3

30

1	2	4	3	7	5	9	8	6
5	8	7	6	1	9	2	4	3
6	9	3	8	2	4	1	5	7
2	4	5	7	6	3	8	9	1
8	7	1	9	5	2	6	3	4
9	3	6	4	8	1	7	2	5
4	1	9	2	3	6	5	7	8
3	5	8	1	9	7	4	6	2
7	6	2	5	4	8	3	1	9

31

9	4	8	6	3	1	5	2	7
2	6	3	7	9	5	4	8	1
5	1	7	8	4	2	6	9	3
1	7	6	4	5	8	2	3	9
8	9	4	3	2	7	1	6	5
3	5	2	1	6	9	8	7	4
4	3	9	2	1	6	7	5	8
7	2	5	9	8	4	3	1	6
6	8	1	5	7	3	9	4	2

32

9	3	2	4	1	6	7	5	8
1	7	6	5	8	9	2	3	4
4	5	8	7	2	3	6	9	1
5	2	9	8	3	1	4	7	6
3	4	1	2	6	7	9	8	5
6	8	7	9	4	5	1	2	3
2	9	4	6	5	8	3	1	7
8	6	3	1	7	2	5	4	9
7	1	5	3	9	4	8	6	2

33

1	7	4	8	6	3	2	5	9
2	3	5	9	7	4	6	1	8
9	6	8	5	2	1	3	4	7
3	9	7	4	8	5	1	6	2
6	4	1	7	9	2	5	8	3
8	5	2	1	3	6	7	9	4
5	2	6	3	4	9	8	7	1
4	8	3	6	1	7	9	2	5
7	1	9	2	5	8	4	3	6

34

6	8	3	1	5	7	2	4	9
9	1	5	2	4	3	6	8	7
2	7	4	8	6	9	3	1	5
7	6	8	3	2	4	5	9	1
4	9	1	6	7	5	8	2	3
5	3	2	9	8	1	4	7	6
3	2	6	7	9	8	1	5	4
8	5	7	4	1	6	9	3	2
1	4	9	5	3	2	7	6	8

35

1	6	3	5	9	7	2	8	4
5	4	8	6	3	2	9	7	1
9	7	2	8	1	4	6	3	5
7	2	4	3	6	8	1	5	9
6	8	9	1	7	5	4	2	3
3	1	5	4	2	9	8	6	7
4	5	6	9	8	3	7	1	2
2	3	1	7	4	6	5	9	8
8	9	7	2	5	1	3	4	6

36

7	2	8	5	4	9	3	6	1
6	4	1	7	3	8	9	5	2
5	3	9	2	6	1	4	7	8
2	8	7	9	1	6	5	4	3
1	5	6	4	2	3	8	9	7
3	9	4	8	5	7	1	2	6
4	1	5	3	7	2	6	8	9
9	6	2	1	8	4	7	3	5
8	7	3	6	9	5	2	1	4

37

2	7	4	9	1	6	3	8	5
6	5	9	8	3	7	2	1	4
1	3	8	2	5	4	9	7	6
5	4	2	6	7	3	1	9	8
7	9	1	5	8	2	6	4	3
3	8	6	1	4	9	5	2	7
9	2	3	4	6	8	7	5	1
4	1	7	3	2	5	8	6	9
8	6	5	7	9	1	4	3	2

38

7	9	2	4	1	5	6	3	8
4	6	1	8	9	3	5	2	7
5	3	8	6	2	7	9	4	1
9	7	3	1	5	4	2	8	6
8	1	4	2	3	6	7	5	9
6	2	5	7	8	9	4	1	3
3	4	6	5	7	8	1	9	2
2	8	7	9	4	1	3	6	5
1	5	9	3	6	2	8	7	4

39

9	1	6	2	8	7	4	5	3
2	5	8	4	3	9	1	7	6
4	3	7	6	1	5	8	2	9
6	7	5	1	2	4	3	9	8
3	2	4	7	9	8	5	6	1
8	9	1	3	5	6	7	4	2
7	8	3	9	4	2	6	1	5
5	4	9	8	6	1	2	3	7
1	6	2	5	7	3	9	8	4

40

2	4	6	7	8	1	3	5	9
8	7	3	5	4	9	2	6	1
1	9	5	2	3	6	4	8	7
4	8	1	9	6	7	5	3	2
6	5	7	4	2	3	9	1	8
3	2	9	8	1	5	7	4	6
5	1	2	6	7	4	8	9	3
9	3	8	1	5	2	6	7	4
7	6	4	3	9	8	1	2	5

41

8	6	5	3	4	9	1	2	7
2	7	1	8	6	5	3	4	9
3	4	9	1	7	2	6	5	8
5	9	4	2	3	7	8	6	1
7	1	3	6	5	8	4	9	2
6	2	8	9	1	4	5	7	3
9	8	6	5	2	1	7	3	4
1	3	7	4	9	6	2	8	5
4	5	2	7	8	3	9	1	6

42

5	3	4	6	7	9	2	8	1
1	6	9	5	8	2	7	3	4
2	7	8	1	3	4	9	6	5
9	4	5	3	6	7	1	2	8
7	8	1	2	9	5	6	4	3
3	2	6	4	1	8	5	9	7
4	1	3	7	2	6	8	5	9
6	9	7	8	5	3	4	1	2
8	5	2	9	4	1	3	7	6

43

5	3	6	1	9	4	8	2	7
2	1	7	3	6	8	5	9	4
4	8	9	5	7	2	6	1	3
7	2	4	8	5	6	1	3	9
9	6	8	2	3	1	4	7	5
1	5	3	9	4	7	2	6	8
8	7	1	4	2	3	9	5	6
6	9	2	7	8	5	3	4	1
3	4	5	6	1	9	7	8	2

44

5	8	2	4	3	9	7	6	1
3	1	9	2	7	6	4	5	8
4	7	6	5	1	8	3	2	9
6	9	1	3	5	4	8	7	2
2	4	7	6	8	1	9	3	5
8	5	3	7	9	2	1	4	6
1	2	4	9	6	3	5	8	7
9	3	5	8	2	7	6	1	4
7	6	8	1	4	5	2	9	3

45

5	4	9	1	3	2	7	8	6
8	1	3	7	6	4	5	9	2
7	6	2	8	5	9	1	4	3
6	8	7	2	1	5	4	3	9
9	2	5	4	8	3	6	1	7
4	3	1	6	9	7	8	2	5
1	9	4	3	7	6	2	5	8
2	5	6	9	4	8	3	7	1
3	7	8	5	2	1	9	6	4

46

2	9	3	1	5	4	6	8	7
4	7	6	2	8	9	5	3	1
5	8	1	6	3	7	4	2	9
7	1	4	8	2	3	9	5	6
3	5	8	7	9	6	2	1	4
9	6	2	5	4	1	3	7	8
6	2	5	4	1	8	7	9	3
8	4	9	3	7	2	1	6	5
1	3	7	9	6	5	8	4	2

47

6	7	9	2	3	5	1	4	8
8	4	5	1	9	7	3	6	2
3	2	1	8	4	6	5	9	7
1	5	8	7	6	4	9	2	3
2	3	7	9	5	8	4	1	6
9	6	4	3	2	1	7	8	5
7	1	3	6	8	9	2	5	4
5	8	2	4	1	3	6	7	9
4	9	6	5	7	2	8	3	1

48

5	4	9	2	6	8	1	7	3
1	6	2	7	5	3	9	8	4
7	3	8	9	1	4	5	2	6
4	8	7	3	9	6	2	5	1
2	5	3	1	4	7	6	9	8
9	1	6	5	8	2	3	4	7
6	2	1	4	7	5	8	3	9
3	9	4	8	2	1	7	6	5
8	7	5	6	3	9	4	1	2

49

7	3	4	9	6	2	8	1	5
8	5	1	7	3	4	2	6	9
6	2	9	5	8	1	4	3	7
3	1	2	6	7	8	5	9	4
5	7	6	3	4	9	1	8	2
9	4	8	2	1	5	3	7	6
2	6	7	8	5	3	9	4	1
4	9	3	1	2	6	7	5	8
1	8	5	4	9	7	6	2	3

50

5	1	2	7	9	3	6	4	8
4	7	9	6	2	8	3	1	5
6	8	3	1	4	5	2	7	9
2	4	1	9	8	7	5	3	6
8	6	7	3	5	2	4	9	1
3	9	5	4	1	6	8	2	7
1	5	8	2	7	4	9	6	3
9	3	4	5	6	1	7	8	2
7	2	6	8	3	9	1	5	4

51

1	9	4	7	3	8	2	5	6
7	6	2	5	4	1	3	8	9
8	5	3	6	2	9	1	7	4
2	8	1	3	9	7	4	6	5
5	4	9	8	1	6	7	2	3
6	3	7	4	5	2	8	9	1
9	1	6	2	7	3	5	4	8
3	2	5	9	8	4	6	1	7
4	7	8	1	6	5	9	3	2

52

2	7	3	4	6	1	5	9	8
8	1	6	2	5	9	3	7	4
5	4	9	7	8	3	1	6	2
1	2	7	9	3	8	6	4	5
4	3	5	6	1	7	8	2	9
6	9	8	5	2	4	7	1	3
7	5	1	3	4	2	9	8	6
3	8	2	1	9	6	4	5	7
9	6	4	8	7	5	2	3	1

53

8	1	2	6	3	9	4	5	7
3	9	7	4	1	5	6	8	2
5	4	6	2	7	8	3	9	1
1	6	5	7	9	4	8	2	3
9	3	4	1	8	2	7	6	5
7	2	8	3	5	6	9	1	4
4	5	9	8	2	3	1	7	6
2	7	3	9	6	1	5	4	8
6	8	1	5	4	7	2	3	9

54

9	4	1	5	6	7	3	2	8
6	8	2	1	9	3	4	5	7
5	7	3	4	2	8	1	9	6
3	2	7	6	4	9	5	8	1
4	1	6	2	8	5	9	7	3
8	9	5	3	7	1	6	4	2
2	6	8	9	1	4	7	3	5
1	5	9	7	3	2	8	6	4
7	3	4	8	5	6	2	1	9

55

4	6	8	3	7	9	2	1	5
1	5	7	6	2	8	4	3	9
9	2	3	4	1	5	6	7	8
8	4	2	5	3	7	9	6	1
6	7	1	9	8	4	3	5	2
5	3	9	2	6	1	7	8	4
3	1	4	8	9	6	5	2	7
7	9	6	1	5	2	8	4	3
2	8	5	7	4	3	1	9	6

56

6	1	3	2	9	7	4	8	5
2	5	9	6	8	4	3	7	1
4	8	7	1	5	3	6	9	2
5	9	4	3	7	6	1	2	8
8	6	2	9	4	1	7	5	3
7	3	1	5	2	8	9	6	4
9	4	6	8	1	2	5	3	7
3	7	8	4	6	5	2	1	9
1	2	5	7	3	9	8	4	6

57

7	3	8	2	6	9	1	4	5
2	4	6	1	3	5	7	9	8
1	5	9	8	7	4	3	6	2
8	6	5	4	9	7	2	1	3
4	7	2	3	1	6	8	5	9
9	1	3	5	8	2	6	7	4
6	2	4	7	5	3	9	8	1
3	8	7	9	4	1	5	2	6
5	9	1	6	2	8	4	3	7

58

5	2	8	1	7	4	3	9	6
3	9	6	2	5	8	1	7	4
4	1	7	6	3	9	2	8	5
6	5	4	9	2	3	7	1	8
2	8	3	7	1	5	4	6	9
1	7	9	8	4	6	5	2	3
8	3	2	5	6	1	9	4	7
7	6	5	4	9	2	8	3	1
9	4	1	3	8	7	6	5	2

59

9	5	3	7	2	6	1	4	8
2	7	1	8	4	9	6	3	5
6	8	4	1	5	3	2	9	7
1	9	7	4	8	5	3	6	2
8	4	6	3	1	2	7	5	9
3	2	5	6	9	7	8	1	4
5	1	2	9	3	8	4	7	6
7	3	8	5	6	4	9	2	1
4	6	9	2	7	1	5	8	3

60

6	1	4	5	8	3	9	2	7
7	8	3	6	2	9	4	1	5
9	2	5	1	7	4	6	8	3
8	4	1	2	3	5	7	6	9
5	9	7	4	6	8	2	3	1
2	3	6	9	1	7	8	5	4
4	6	9	3	5	2	1	7	8
3	7	2	8	9	1	5	4	6
1	5	8	7	4	6	3	9	2

61

4	1	2	7	9	6	5	8	3
3	7	8	5	4	1	6	2	9
9	6	5	3	8	2	1	4	7
2	9	7	1	3	4	8	6	5
6	3	4	8	5	9	2	7	1
8	5	1	2	6	7	3	9	4
7	2	9	6	1	3	4	5	8
5	4	3	9	2	8	7	1	6
1	8	6	4	7	5	9	3	2

62

1	8	4	7	6	2	5	9	3
6	5	3	4	8	9	2	1	7
9	2	7	1	5	3	4	6	8
2	9	8	3	4	6	7	5	1
7	1	5	9	2	8	6	3	4
3	4	6	5	7	1	9	8	2
8	6	9	2	3	7	1	4	5
5	3	2	6	1	4	8	7	9
4	7	1	8	9	5	3	2	6

63

4	2	1	6	9	5	3	7	8
6	8	5	7	3	2	1	9	4
3	7	9	4	8	1	2	6	5
5	6	4	2	7	9	8	1	3
7	1	3	5	4	8	9	2	6
2	9	8	1	6	3	5	4	7
9	3	7	8	1	4	6	5	2
1	4	2	3	5	6	7	8	9
8	5	6	9	2	7	4	3	1

64

7	6	9	1	3	5	8	2	4
8	1	3	2	4	6	7	9	5
4	5	2	7	8	9	6	1	3
1	8	6	4	2	7	3	5	9
9	2	7	5	6	3	1	4	8
3	4	5	9	1	8	2	6	7
6	7	4	8	9	2	5	3	1
5	3	1	6	7	4	9	8	2
2	9	8	3	5	1	4	7	6

65

2	3	9	6	1	7	8	4	5
8	7	1	4	5	3	6	9	2
5	6	4	2	9	8	3	1	7
4	9	3	7	2	6	1	5	8
1	8	6	9	4	5	7	2	3
7	5	2	8	3	1	4	6	9
3	4	5	1	7	9	2	8	6
6	2	7	5	8	4	9	3	1
9	1	8	3	6	2	5	7	4

66

3	2	9	5	4	1	7	8	6
7	5	1	3	8	6	2	4	9
6	8	4	9	7	2	5	3	1
8	4	7	6	3	5	1	9	2
1	9	5	4	2	8	3	6	7
2	3	6	1	9	7	4	5	8
4	1	2	8	6	3	9	7	5
9	7	8	2	5	4	6	1	3
5	6	3	7	1	9	8	2	4

67

7	6	4	1	8	3	5	9	2
9	8	5	2	6	4	1	3	7
3	2	1	9	5	7	8	4	6
8	5	9	7	4	1	6	2	3
4	3	7	6	2	5	9	1	8
2	1	6	3	9	8	4	7	5
5	9	2	4	3	6	7	8	1
6	7	3	8	1	9	2	5	4
1	4	8	5	7	2	3	6	9

68

6	8	3	4	1	7	9	2	5
4	1	2	5	9	6	8	3	7
7	5	9	2	8	3	4	6	1
5	4	8	3	2	1	6	7	9
1	2	6	7	4	9	3	5	8
3	9	7	6	5	8	2	1	4
9	7	4	1	3	2	5	8	6
2	6	5	8	7	4	1	9	3
8	3	1	9	6	5	7	4	2

69

6	1	3	5	9	8	4	7	2
5	2	8	4	3	7	1	6	9
9	7	4	1	2	6	8	3	5
7	3	5	8	4	9	2	1	6
8	6	2	7	1	5	3	9	4
1	4	9	3	6	2	7	5	8
4	5	6	2	7	3	9	8	1
2	9	7	6	8	1	5	4	3
3	8	1	9	5	4	6	2	7

70

3	1	2	6	4	7	8	9	5
8	4	6	2	5	9	1	7	3
7	5	9	3	8	1	4	2	6
1	8	4	9	7	3	6	5	2
5	2	3	1	6	8	7	4	9
6	9	7	4	2	5	3	1	8
2	3	5	7	1	6	9	8	4
4	6	1	8	9	2	5	3	7
9	7	8	5	3	4	2	6	1

71

3	1	9	2	7	4	5	8	6
2	6	7	5	8	3	1	9	4
5	4	8	6	1	9	3	7	2
6	5	1	3	4	7	8	2	9
4	9	2	8	5	1	7	6	3
7	8	3	9	2	6	4	5	1
1	2	4	7	6	8	9	3	5
9	7	6	4	3	5	2	1	8
8	3	5	1	9	2	6	4	7

72

8	6	3	4	9	1	7	5	2
7	2	9	3	5	8	1	4	6
4	1	5	6	2	7	8	9	3
9	5	4	8	7	3	6	2	1
1	7	6	2	4	5	3	8	9
2	3	8	1	6	9	5	7	4
3	8	2	7	1	4	9	6	5
5	4	7	9	3	6	2	1	8
6	9	1	5	8	2	4	3	7

73

9	3	2	5	7	8	1	6	4
5	7	4	6	1	3	9	8	2
6	1	8	9	4	2	7	3	5
1	2	6	3	9	5	8	4	7
3	4	5	1	8	7	6	2	9
7	8	9	4	2	6	3	5	1
2	5	7	8	6	9	4	1	3
4	6	3	7	5	1	2	9	8
8	9	1	2	3	4	5	7	6

74

4	9	5	7	2	6	3	8	1
6	1	8	3	9	4	2	7	5
7	2	3	8	1	5	4	9	6
3	7	6	2	4	1	8	5	9
2	5	1	9	7	8	6	4	3
8	4	9	5	6	3	7	1	2
9	3	4	6	5	7	1	2	8
5	8	7	1	3	2	9	6	4
1	6	2	4	8	9	5	3	7

75

1	3	8	6	2	4	7	5	9
5	7	2	1	8	9	3	4	6
6	4	9	5	3	7	1	2	8
3	2	7	9	4	6	5	8	1
9	5	1	8	7	3	4	6	2
4	8	6	2	5	1	9	7	3
7	6	3	4	9	8	2	1	5
8	9	5	7	1	2	6	3	4
2	1	4	3	6	5	8	9	7

76

9	5	6	7	2	8	1	3	4
2	1	4	5	3	6	7	8	9
3	8	7	1	9	4	6	2	5
1	7	9	3	6	5	8	4	2
6	4	3	2	8	9	5	1	7
8	2	5	4	7	1	3	9	6
5	9	1	6	4	3	2	7	8
4	6	2	8	1	7	9	5	3
7	3	8	9	5	2	4	6	1

77

6	8	3	9	7	2	1	4	5
1	5	4	8	6	3	7	2	9
7	2	9	5	1	4	6	8	3
4	6	5	2	9	1	8	3	7
3	1	8	7	4	5	2	9	6
9	7	2	3	8	6	5	1	4
5	9	1	4	2	7	3	6	8
8	3	6	1	5	9	4	7	2
2	4	7	6	3	8	9	5	1

78

1	2	4	7	8	6	5	9	3
8	3	5	4	9	2	1	7	6
7	6	9	3	5	1	2	8	4
9	1	7	2	6	4	8	3	5
2	5	3	8	1	7	6	4	9
6	4	8	5	3	9	7	2	1
3	8	1	9	2	5	4	6	7
4	9	6	1	7	8	3	5	2
5	7	2	6	4	3	9	1	8

79

1	4	6	7	5	3	9	2	8
2	3	8	9	4	6	1	7	5
9	7	5	2	8	1	3	6	4
3	6	7	5	2	8	4	9	1
5	2	9	3	1	4	6	8	7
8	1	4	6	9	7	5	3	2
4	8	3	1	6	2	7	5	9
7	9	2	4	3	5	8	1	6
6	5	1	8	7	9	2	4	3

80

5	1	4	3	7	6	8	9	2
7	9	6	5	8	2	3	1	4
2	3	8	4	9	1	7	5	6
9	4	7	6	2	8	5	3	1
8	6	5	1	3	9	4	2	7
1	2	3	7	5	4	6	8	9
4	8	9	2	6	3	1	7	5
3	5	1	9	4	7	2	6	8
6	7	2	8	1	5	9	4	3

81

5	3	2	4	1	6	8	9	7
4	9	1	5	7	8	2	3	6
6	7	8	9	2	3	1	4	5
1	8	3	6	4	9	7	5	2
2	5	6	3	8	7	9	1	4
9	4	7	2	5	1	6	8	3
8	6	5	7	9	4	3	2	1
3	1	4	8	6	2	5	7	9
7	2	9	1	3	5	4	6	8

82

4	8	1	2	3	9	5	6	7
9	5	3	7	6	4	8	2	1
6	7	2	8	5	1	4	9	3
5	3	9	4	7	8	2	1	6
2	4	8	3	1	6	9	7	5
1	6	7	9	2	5	3	8	4
8	2	5	6	4	7	1	3	9
7	9	4	1	8	3	6	5	2
3	1	6	5	9	2	7	4	8

83

8	4	6	2	9	5	3	1	7
3	9	1	6	7	8	2	5	4
5	7	2	1	3	4	8	6	9
4	2	9	8	1	3	6	7	5
1	5	3	7	6	2	9	4	8
7	6	8	4	5	9	1	3	2
2	1	7	9	4	6	5	8	3
9	3	4	5	8	1	7	2	6
6	8	5	3	2	7	4	9	1

84

3	2	1	6	5	8	7	4	9
6	9	7	1	2	4	5	3	8
5	4	8	9	7	3	6	1	2
9	8	6	2	4	7	1	5	3
1	7	3	5	9	6	2	8	4
2	5	4	3	8	1	9	6	7
7	3	5	8	6	2	4	9	1
4	1	9	7	3	5	8	2	6
8	6	2	4	1	9	3	7	5

85

7	3	2	4	8	6	5	1	9
1	4	5	9	2	7	8	3	6
9	8	6	5	3	1	7	2	4
5	1	3	2	7	4	6	9	8
8	2	7	6	9	3	1	4	5
6	9	4	8	1	5	3	7	2
4	7	8	1	5	2	9	6	3
2	5	1	3	6	9	4	8	7
3	6	9	7	4	8	2	5	1

86

6	3	8	2	5	4	1	7	9
2	1	5	3	7	9	4	8	6
4	7	9	6	1	8	2	3	5
7	4	1	8	9	3	6	5	2
9	6	3	5	2	7	8	4	1
5	8	2	4	6	1	7	9	3
1	2	4	9	8	5	3	6	7
8	9	6	7	3	2	5	1	4
3	5	7	1	4	6	9	2	8

87

1	9	7	5	4	2	6	8	3
3	5	8	1	6	9	4	2	7
6	4	2	7	8	3	9	1	5
4	1	9	3	5	7	2	6	8
2	8	3	4	9	6	7	5	1
5	7	6	2	1	8	3	4	9
7	3	5	8	2	4	1	9	6
8	6	4	9	7	1	5	3	2
9	2	1	6	3	5	8	7	4

88

3	5	1	7	6	9	8	4	2
2	4	6	8	5	1	3	9	7
7	8	9	2	3	4	6	1	5
4	1	2	3	7	6	5	8	9
5	9	7	1	4	8	2	6	3
8	6	3	5	9	2	4	7	1
1	7	4	6	2	3	9	5	8
6	3	8	9	1	5	7	2	4
9	2	5	4	8	7	1	3	6

89

2	3	6	7	5	4	1	8	9
9	8	5	1	2	6	3	4	7
1	4	7	8	9	3	6	5	2
4	5	2	3	7	9	8	1	6
3	1	9	6	8	2	4	7	5
7	6	8	5	4	1	9	2	3
6	2	1	4	3	7	5	9	8
8	7	3	9	1	5	2	6	4
5	9	4	2	6	8	7	3	1

90

9	5	8	6	7	4	1	3	2
3	2	1	9	8	5	4	7	6
4	6	7	2	1	3	8	5	9
2	4	9	1	3	6	5	8	7
7	1	3	5	9	8	6	2	4
5	8	6	4	2	7	3	9	1
1	7	5	8	4	2	9	6	3
6	9	2	3	5	1	7	4	8
8	3	4	7	6	9	2	1	5

91

3	7	9	8	4	2	5	1	6
4	5	6	1	9	3	2	8	7
1	2	8	6	7	5	9	3	4
7	3	5	4	8	1	6	9	2
2	6	4	9	3	7	1	5	8
9	8	1	5	2	6	4	7	3
6	1	3	7	5	4	8	2	9
8	4	7	2	1	9	3	6	5
5	9	2	3	6	8	7	4	1

92

8	2	9	1	4	5	6	7	3
4	1	7	6	3	9	2	8	5
6	3	5	8	2	7	4	9	1
1	7	4	5	8	2	3	6	9
3	6	8	4	9	1	7	5	2
9	5	2	3	7	6	8	1	4
2	8	6	9	5	3	1	4	7
5	4	3	7	1	8	9	2	6
7	9	1	2	6	4	5	3	8

93

3	5	7	4	9	6	8	2	1
4	2	8	3	1	7	6	5	9
9	1	6	5	2	8	3	7	4
7	8	9	6	5	4	1	3	2
5	3	4	1	8	2	9	6	7
2	6	1	9	7	3	5	4	8
8	4	5	2	6	1	7	9	3
1	9	3	7	4	5	2	8	6
6	7	2	8	3	9	4	1	5

94

8	2	4	6	9	5	3	1	7
5	6	7	1	3	2	8	9	4
9	1	3	4	8	7	6	5	2
1	3	8	2	7	4	9	6	5
4	7	6	8	5	9	2	3	1
2	5	9	3	6	1	7	4	8
7	4	2	9	1	3	5	8	6
6	9	5	7	4	8	1	2	3
3	8	1	5	2	6	4	7	9

95

4	7	9	2	5	6	3	8	1
1	2	5	3	8	7	6	9	4
6	3	8	1	4	9	2	7	5
9	4	1	5	7	3	8	6	2
5	8	7	6	1	2	9	4	3
3	6	2	4	9	8	1	5	7
7	9	3	8	2	4	5	1	6
2	5	4	9	6	1	7	3	8
8	1	6	7	3	5	4	2	9

96

1	2	5	8	4	3	7	9	6
4	6	3	2	9	7	1	8	5
7	9	8	5	1	6	2	4	3
9	3	1	4	2	8	6	5	7
6	8	2	7	5	9	4	3	1
5	4	7	3	6	1	8	2	9
2	7	6	9	3	4	5	1	8
8	5	9	1	7	2	3	6	4
3	1	4	6	8	5	9	7	2

97

6	5	9	3	8	2	1	7	4
3	2	7	1	4	6	9	8	5
4	8	1	5	9	7	6	2	3
2	4	6	8	5	9	3	1	7
1	7	8	4	2	3	5	6	9
9	3	5	7	6	1	2	4	8
5	1	3	2	7	4	8	9	6
8	6	4	9	1	5	7	3	2
7	9	2	6	3	8	4	5	1

98

3	2	5	1	9	7	6	8	4
4	9	1	6	5	8	7	2	3
8	7	6	2	4	3	1	9	5
7	5	9	3	6	4	8	1	2
2	8	4	9	7	1	3	5	6
6	1	3	5	8	2	9	4	7
9	6	2	7	1	5	4	3	8
5	4	7	8	3	9	2	6	1
1	3	8	4	2	6	5	7	9

99

4	5	1	9	2	7	3	6	8
7	8	2	6	1	3	9	5	4
3	6	9	5	4	8	1	2	7
2	9	6	8	7	4	5	1	3
5	7	4	3	9	1	2	8	6
1	3	8	2	6	5	4	7	9
9	2	5	7	3	6	8	4	1
6	4	3	1	8	2	7	9	5
8	1	7	4	5	9	6	3	2

100

3	6	7	2	8	4	5	9	1
9	8	5	7	3	1	2	6	4
1	2	4	9	6	5	7	8	3
8	4	1	3	5	2	9	7	6
2	7	6	8	4	9	3	1	5
5	9	3	6	1	7	4	2	8
7	1	8	5	2	3	6	4	9
6	3	2	4	9	8	1	5	7
4	5	9	1	7	6	8	3	2

101

5	8	7	3	9	2	1	6	4
1	4	3	7	8	6	2	9	5
2	9	6	5	4	1	3	8	7
6	3	5	9	1	4	7	2	8
8	2	1	6	5	7	9	4	3
4	7	9	2	3	8	6	5	1
3	5	2	8	7	9	4	1	6
7	6	4	1	2	5	8	3	9
9	1	8	4	6	3	5	7	2

102

8	6	9	1	2	4	7	5	3
3	2	5	7	9	8	6	4	1
4	1	7	6	5	3	9	2	8
5	4	1	8	7	2	3	6	9
6	9	8	3	4	1	5	7	2
7	3	2	5	6	9	1	8	4
9	8	6	2	3	5	4	1	7
1	7	4	9	8	6	2	3	5
2	5	3	4	1	7	8	9	6

103

3	8	9	5	2	1	4	6	7
6	1	4	3	7	8	9	5	2
7	5	2	9	4	6	1	3	8
8	2	5	7	6	4	3	9	1
1	3	6	2	9	5	8	7	4
4	9	7	8	1	3	5	2	6
5	6	3	1	8	7	2	4	9
2	4	8	6	3	9	7	1	5
9	7	1	4	5	2	6	8	3

104

5	3	9	6	4	1	7	8	2
2	8	6	5	3	7	4	9	1
7	4	1	8	9	2	6	3	5
6	1	7	3	2	9	8	5	4
9	5	3	4	6	8	2	1	7
4	2	8	7	1	5	3	6	9
8	9	4	1	7	3	5	2	6
3	7	2	9	5	6	1	4	8
1	6	5	2	8	4	9	7	3

105

7	2	8	1	6	5	3	4	9
1	6	9	7	3	4	2	8	5
3	5	4	8	9	2	6	1	7
4	1	2	9	5	6	7	3	8
5	8	3	2	4	7	1	9	6
9	7	6	3	8	1	4	5	2
6	9	5	4	2	3	8	7	1
2	3	1	5	7	8	9	6	4
8	4	7	6	1	9	5	2	3

106

9	4	6	3	7	8	5	2	1
5	8	7	4	1	2	6	9	3
2	3	1	5	9	6	7	8	4
7	1	4	6	2	3	8	5	9
3	5	9	7	8	4	1	6	2
8	6	2	1	5	9	3	4	7
1	2	8	9	3	5	4	7	6
6	9	3	8	4	7	2	1	5
4	7	5	2	6	1	9	3	8

107

8	7	1	6	9	5	4	2	3
5	9	2	7	3	4	1	6	8
6	3	4	2	8	1	9	5	7
9	6	7	4	1	2	3	8	5
4	1	5	3	7	8	2	9	6
3	2	8	9	5	6	7	1	4
7	8	6	1	4	9	5	3	2
1	5	3	8	2	7	6	4	9
2	4	9	5	6	3	8	7	1

108

4	6	9	7	1	8	2	3	5
3	2	7	6	9	5	1	4	8
1	8	5	4	3	2	6	7	9
8	7	1	9	2	4	5	6	3
6	5	4	1	8	3	9	2	7
9	3	2	5	6	7	8	1	4
2	4	6	3	5	9	7	8	1
5	1	3	8	7	6	4	9	2
7	9	8	2	4	1	3	5	6

109

6	2	5	8	9	3	7	1	4
4	8	9	2	7	1	6	3	5
7	3	1	4	6	5	9	2	8
2	5	3	9	4	8	1	7	6
9	4	6	1	2	7	5	8	3
1	7	8	3	5	6	2	4	9
3	6	4	5	1	2	8	9	7
5	9	2	7	8	4	3	6	1
8	1	7	6	3	9	4	5	2

110

1	8	2	6	5	4	9	3	7
4	3	7	9	1	8	5	2	6
5	9	6	7	3	2	8	4	1
7	6	3	5	2	9	4	1	8
9	1	5	4	8	3	6	7	2
8	2	4	1	7	6	3	5	9
3	5	9	2	6	7	1	8	4
6	7	8	3	4	1	2	9	5
2	4	1	8	9	5	7	6	3

111

1	3	5	7	9	8	4	2	6
7	4	9	2	6	5	1	8	3
2	6	8	4	1	3	9	7	5
9	7	3	5	2	6	8	4	1
6	1	2	9	8	4	5	3	7
5	8	4	3	7	1	2	6	9
3	2	6	8	5	9	7	1	4
4	9	7	1	3	2	6	5	8
8	5	1	6	4	7	3	9	2

112

6	7	2	3	5	1	8	9	4
3	9	4	6	7	8	2	5	1
8	5	1	9	4	2	7	3	6
4	6	7	8	2	9	5	1	3
9	8	5	1	3	4	6	2	7
1	2	3	5	6	7	9	4	8
2	3	9	4	8	6	1	7	5
5	1	6	7	9	3	4	8	2
7	4	8	2	1	5	3	6	9

113

4	7	8	9	3	1	5	2	6
1	3	6	2	5	4	8	9	7
2	9	5	7	8	6	4	3	1
6	8	7	3	4	2	9	1	5
5	1	3	8	7	9	6	4	2
9	2	4	6	1	5	3	7	8
8	4	2	5	9	7	1	6	3
3	6	1	4	2	8	7	5	9
7	5	9	1	6	3	2	8	4

114

8	1	4	3	6	7	5	2	9
3	5	7	9	2	4	8	1	6
9	6	2	1	8	5	3	4	7
6	7	9	5	3	1	4	8	2
1	2	3	4	7	8	9	6	5
4	8	5	6	9	2	1	7	3
5	4	6	2	1	9	7	3	8
2	9	8	7	4	3	6	5	1
7	3	1	8	5	6	2	9	4

115

5	2	8	1	6	3	9	7	4
1	3	9	2	4	7	8	5	6
6	7	4	8	9	5	1	3	2
7	8	1	6	2	4	5	9	3
3	4	2	9	5	1	7	6	8
9	6	5	3	7	8	4	2	1
2	5	6	4	8	9	3	1	7
8	1	7	5	3	2	6	4	9
4	9	3	7	1	6	2	8	5

116

7	4	8	6	1	2	5	3	9
1	2	5	3	9	8	7	4	6
3	9	6	7	5	4	1	2	8
6	8	7	5	4	1	2	9	3
9	1	2	8	6	3	4	7	5
5	3	4	9	2	7	8	6	1
8	7	1	4	3	6	9	5	2
4	6	9	2	8	5	3	1	7
2	5	3	1	7	9	6	8	4

117

6	8	4	2	1	7	5	3	9
2	9	3	8	5	6	4	7	1
5	7	1	4	3	9	8	2	6
1	3	6	5	7	4	9	8	2
7	5	8	6	9	2	1	4	3
9	4	2	1	8	3	6	5	7
3	1	7	9	4	5	2	6	8
4	2	9	3	6	8	7	1	5
8	6	5	7	2	1	3	9	4

118

8	6	2	3	4	5	1	7	9
7	1	3	8	9	2	4	6	5
9	4	5	6	7	1	8	2	3
2	8	7	9	5	4	3	1	6
5	3	1	7	6	8	2	9	4
4	9	6	1	2	3	5	8	7
3	7	8	5	1	6	9	4	2
1	2	9	4	3	7	6	5	8
6	5	4	2	8	9	7	3	1

119

6	1	5	8	9	3	2	7	4
7	9	4	6	2	1	3	8	5
3	2	8	4	7	5	9	1	6
2	8	9	3	4	7	6	5	1
5	4	3	1	6	9	8	2	7
1	7	6	5	8	2	4	9	3
9	6	2	7	5	4	1	3	8
8	5	1	2	3	6	7	4	9
4	3	7	9	1	8	5	6	2

120

9	6	2	4	7	1	8	3	5
1	3	7	8	6	5	4	2	9
5	4	8	3	9	2	7	6	1
3	8	6	5	4	9	2	1	7
7	5	4	1	2	8	3	9	6
2	9	1	7	3	6	5	4	8
6	1	3	2	5	7	9	8	4
4	7	9	6	8	3	1	5	2
8	2	5	9	1	4	6	7	3

121

1	5	3	9	8	2	4	6	7
4	2	6	7	3	1	9	5	8
7	9	8	5	6	4	3	1	2
5	7	2	3	9	8	1	4	6
8	3	1	4	7	6	2	9	5
9	6	4	1	2	5	7	8	3
2	4	5	8	1	7	6	3	9
6	1	9	2	5	3	8	7	4
3	8	7	6	4	9	5	2	1

122

7	3	1	2	6	9	8	4	5
8	4	6	1	7	5	2	3	9
9	5	2	8	3	4	1	6	7
2	1	8	5	4	3	7	9	6
5	6	7	9	2	8	4	1	3
4	9	3	6	1	7	5	8	2
6	2	4	3	5	1	9	7	8
3	7	9	4	8	2	6	5	1
1	8	5	7	9	6	3	2	4

123

8	6	7	1	2	9	3	4	5
3	1	4	6	5	7	2	9	8
5	9	2	3	4	8	1	6	7
2	3	6	4	8	5	9	7	1
4	5	9	2	7	1	6	8	3
7	8	1	9	6	3	5	2	4
6	7	3	8	1	2	4	5	9
1	4	5	7	9	6	8	3	2
9	2	8	5	3	4	7	1	6

124

6	4	1	8	9	3	5	7	2
8	5	2	1	7	4	9	3	6
9	7	3	5	2	6	1	8	4
1	8	9	4	6	5	7	2	3
4	2	6	9	3	7	8	1	5
7	3	5	2	8	1	4	6	9
5	6	4	7	1	2	3	9	8
2	9	7	3	5	8	6	4	1
3	1	8	6	4	9	2	5	7

125

9	4	5	3	1	7	8	6	2
2	7	8	5	9	6	1	3	4
1	3	6	8	4	2	7	9	5
4	2	7	9	8	1	6	5	3
6	8	3	4	7	5	9	2	1
5	9	1	2	6	3	4	7	8
7	5	9	1	3	4	2	8	6
8	1	2	6	5	9	3	4	7
3	6	4	7	2	8	5	1	9

126

2	5	3	8	7	4	6	1	9
4	1	6	5	3	9	7	8	2
9	7	8	1	6	2	3	5	4
3	9	5	4	1	7	2	6	8
7	4	2	6	8	5	9	3	1
8	6	1	2	9	3	4	7	5
6	8	9	3	2	1	5	4	7
5	3	7	9	4	8	1	2	6
1	2	4	7	5	6	8	9	3

127

8	9	7	4	3	1	5	2	6
1	6	5	2	7	8	4	3	9
2	3	4	5	9	6	8	1	7
6	5	3	7	4	2	1	9	8
7	8	1	9	6	5	3	4	2
9	4	2	1	8	3	6	7	5
4	1	6	8	2	9	7	5	3
3	7	9	6	5	4	2	8	1
5	2	8	3	1	7	9	6	4

128

4	3	6	8	1	7	9	2	5
5	9	1	3	4	2	8	7	6
8	2	7	5	6	9	1	4	3
6	1	2	9	5	8	4	3	7
3	5	9	2	7	4	6	1	8
7	4	8	6	3	1	5	9	2
1	7	3	4	8	6	2	5	9
9	6	5	1	2	3	7	8	4
2	8	4	7	9	5	3	6	1

129

5	8	6	3	9	1	2	4	7
3	9	7	8	2	4	6	5	1
2	1	4	6	5	7	9	8	3
6	4	9	2	3	8	1	7	5
7	5	2	1	4	6	3	9	8
8	3	1	9	7	5	4	2	6
1	7	3	4	8	9	5	6	2
4	2	8	5	6	3	7	1	9
9	6	5	7	1	2	8	3	4

130

4	7	8	1	6	2	9	5	3
2	5	9	4	3	7	1	6	8
1	6	3	5	9	8	7	4	2
7	2	5	9	4	3	6	8	1
3	1	4	6	8	5	2	7	9
9	8	6	7	2	1	5	3	4
5	9	2	3	7	4	8	1	6
8	3	1	2	5	6	4	9	7
6	4	7	8	1	9	3	2	5

131

2	9	3	8	6	7	4	1	5
4	1	6	2	5	3	9	8	7
5	8	7	9	1	4	6	3	2
7	6	8	1	4	9	2	5	3
3	5	9	7	2	6	8	4	1
1	4	2	3	8	5	7	6	9
6	7	4	5	3	2	1	9	8
9	3	1	4	7	8	5	2	6
8	2	5	6	9	1	3	7	4

132

3	2	5	1	6	4	7	9	8
8	6	9	3	7	5	1	2	4
4	1	7	2	9	8	5	6	3
6	9	4	5	3	7	2	8	1
7	8	1	6	2	9	4	3	5
5	3	2	4	8	1	9	7	6
9	5	3	8	4	2	6	1	7
2	4	8	7	1	6	3	5	9
1	7	6	9	5	3	8	4	2

133

5	4	3	6	7	1	2	8	9
7	6	8	2	5	9	1	3	4
2	9	1	3	8	4	5	7	6
1	8	7	9	6	2	3	4	5
3	2	4	7	1	5	6	9	8
6	5	9	8	4	3	7	2	1
8	1	2	4	3	6	9	5	7
9	7	6	5	2	8	4	1	3
4	3	5	1	9	7	8	6	2

134

9	1	8	2	3	6	5	4	7
6	2	4	9	7	5	8	3	1
7	3	5	1	4	8	9	6	2
2	9	3	7	1	4	6	5	8
4	6	1	8	5	2	3	7	9
8	5	7	3	6	9	2	1	4
5	4	9	6	8	7	1	2	3
3	8	6	4	2	1	7	9	5
1	7	2	5	9	3	4	8	6

135

4	1	6	3	8	5	2	7	9
9	7	3	4	2	1	5	8	6
2	8	5	7	9	6	3	1	4
5	6	2	9	7	3	1	4	8
8	9	1	2	6	4	7	5	3
3	4	7	5	1	8	9	6	2
1	2	9	8	4	7	6	3	5
7	5	8	6	3	2	4	9	1
6	3	4	1	5	9	8	2	7

136

3	6	5	8	1	7	9	2	4
8	7	4	2	6	9	1	3	5
9	2	1	4	3	5	7	8	6
2	1	9	3	5	6	8	4	7
6	4	3	7	9	8	5	1	2
7	5	8	1	2	4	3	6	9
1	3	6	5	7	2	4	9	8
5	8	2	9	4	1	6	7	3
4	9	7	6	8	3	2	5	1

137

5	4	7	3	9	1	8	2	6
8	3	9	2	6	5	1	7	4
6	2	1	8	7	4	5	9	3
7	1	3	9	4	6	2	5	8
2	5	4	1	3	8	9	6	7
9	8	6	7	5	2	3	4	1
4	6	8	5	2	3	7	1	9
1	7	2	4	8	9	6	3	5
3	9	5	6	1	7	4	8	2

138

2	6	9	1	3	8	5	7	4
8	7	1	4	2	5	3	9	6
3	5	4	6	9	7	2	8	1
1	8	7	5	6	2	9	4	3
4	9	5	7	8	3	1	6	2
6	3	2	9	1	4	7	5	8
9	4	6	3	7	1	8	2	5
5	1	8	2	4	9	6	3	7
7	2	3	8	5	6	4	1	9

139

5	2	9	6	3	4	7	8	1
6	4	8	1	7	9	2	5	3
3	1	7	8	2	5	4	9	6
9	3	2	7	4	6	5	1	8
4	5	1	9	8	2	6	3	7
8	7	6	5	1	3	9	4	2
2	6	4	3	9	8	1	7	5
7	8	5	4	6	1	3	2	9
1	9	3	2	5	7	8	6	4

140

5	2	3	4	7	8	6	9	1
8	9	4	1	2	6	5	3	7
6	1	7	9	5	3	8	4	2
3	4	9	5	8	1	2	7	6
7	5	6	3	4	2	1	8	9
1	8	2	6	9	7	3	5	4
9	3	1	8	6	4	7	2	5
2	6	5	7	3	9	4	1	8
4	7	8	2	1	5	9	6	3

MEDIUM SUDOKU SOLUTIONS

1

7	2	4	1	8	5	6	9	3
8	5	9	4	6	3	1	2	7
3	1	6	9	2	7	4	8	5
2	3	8	7	4	6	5	1	9
4	9	5	2	1	8	7	3	6
1	6	7	5	3	9	2	4	8
9	7	2	8	5	4	3	6	1
6	8	1	3	7	2	9	5	4
5	4	3	6	9	1	8	7	2

2

3	6	9	1	8	4	7	5	2
8	5	1	2	7	6	3	9	4
4	7	2	9	3	5	1	8	6
9	4	3	8	6	1	5	2	7
2	1	5	7	4	9	6	3	8
6	8	7	3	5	2	9	4	1
5	2	8	6	9	7	4	1	3
1	9	6	4	2	3	8	7	5
7	3	4	5	1	8	2	6	9

3

9	5	4	1	2	8	7	3	6
2	6	1	7	5	3	8	9	4
3	7	8	6	4	9	2	5	1
4	3	5	9	1	7	6	2	8
1	2	6	3	8	5	4	7	9
7	8	9	4	6	2	3	1	5
6	1	3	2	9	4	5	8	7
5	4	2	8	7	1	9	6	3
8	9	7	5	3	6	1	4	2

4

3	7	9	1	8	4	6	2	5
2	4	5	3	6	9	1	7	8
8	6	1	7	2	5	3	4	9
5	2	3	4	9	1	7	8	6
6	8	4	2	3	7	5	9	1
1	9	7	6	5	8	2	3	4
9	3	8	5	1	2	4	6	7
4	5	2	9	7	6	8	1	3
7	1	6	8	4	3	9	5	2

5

1	6	9	4	3	5	7	8	2
5	8	7	9	2	6	3	4	1
2	4	3	7	1	8	5	6	9
8	9	2	5	6	3	4	1	7
3	7	1	8	4	2	6	9	5
6	5	4	1	9	7	8	2	3
9	1	5	3	8	4	2	7	6
7	2	8	6	5	1	9	3	4
4	3	6	2	7	9	1	5	8

6

9	4	8	6	7	1	3	5	2
2	7	6	3	4	5	1	8	9
1	5	3	2	8	9	6	7	4
8	9	1	5	6	4	2	3	7
4	6	5	7	3	2	9	1	8
3	2	7	1	9	8	4	6	5
5	3	9	8	2	6	7	4	1
7	8	2	4	1	3	5	9	6
6	1	4	9	5	7	8	2	3

7

4	8	3	7	6	9	1	5	2
1	9	6	8	2	5	3	7	4
7	2	5	3	1	4	9	6	8
2	5	9	6	8	3	4	1	7
8	3	1	4	7	2	5	9	6
6	4	7	5	9	1	2	8	3
5	7	2	9	4	8	6	3	1
9	6	4	1	3	7	8	2	5
3	1	8	2	5	6	7	4	9

8

3	1	2	4	9	5	7	6	8
6	4	5	7	8	3	2	1	9
7	9	8	2	1	6	3	5	4
4	5	7	1	3	2	9	8	6
9	2	6	8	5	4	1	7	3
8	3	1	9	6	7	4	2	5
1	6	4	5	7	9	8	3	2
2	8	3	6	4	1	5	9	7
5	7	9	3	2	8	6	4	1

9

9	6	1	3	5	2	7	8	4
7	5	4	6	8	1	9	2	3
2	3	8	9	7	4	5	1	6
6	2	7	1	9	5	4	3	8
1	4	3	7	6	8	2	9	5
8	9	5	4	2	3	6	7	1
5	7	9	8	3	6	1	4	2
4	8	6	2	1	7	3	5	9
3	1	2	5	4	9	8	6	7

10

3	6	7	5	1	9	2	8	4
9	1	5	2	4	8	7	6	3
2	8	4	7	6	3	1	5	9
5	2	8	1	7	4	3	9	6
7	4	3	6	9	2	8	1	5
6	9	1	8	3	5	4	7	2
1	7	9	3	2	6	5	4	8
4	5	2	9	8	7	6	3	1
8	3	6	4	5	1	9	2	7

11

2	6	4	9	3	7	1	8	5
5	7	3	4	8	1	2	9	6
8	9	1	5	6	2	7	3	4
4	2	7	8	1	5	9	6	3
3	8	5	7	9	6	4	2	1
9	1	6	2	4	3	5	7	8
6	5	8	1	2	9	3	4	7
1	3	9	6	7	4	8	5	2
7	4	2	3	5	8	6	1	9

12

6	3	4	1	5	7	2	9	8
9	1	7	3	8	2	5	6	4
5	8	2	6	4	9	7	1	3
2	9	8	7	6	4	1	3	5
3	6	5	9	2	1	4	8	7
4	7	1	5	3	8	6	2	9
7	4	3	2	9	6	8	5	1
1	2	9	8	7	5	3	4	6
8	5	6	4	1	3	9	7	2

13

1	4	9	6	2	8	7	5	3
7	5	6	4	3	9	8	2	1
8	2	3	5	1	7	9	6	4
6	9	7	2	4	1	5	3	8
3	1	2	9	8	5	4	7	6
5	8	4	7	6	3	2	1	9
2	3	5	1	9	4	6	8	7
9	7	8	3	5	6	1	4	2
4	6	1	8	7	2	3	9	5

14

7	2	4	8	3	1	6	9	5
3	9	5	7	4	6	1	2	8
8	1	6	9	2	5	4	3	7
2	4	1	6	7	3	5	8	9
9	8	3	1	5	2	7	4	6
5	6	7	4	9	8	2	1	3
1	3	8	5	6	4	9	7	2
6	7	2	3	1	9	8	5	4
4	5	9	2	8	7	3	6	1

15

2	4	8	3	5	6	9	1	7
6	1	7	2	9	4	3	8	5
9	3	5	1	7	8	4	2	6
5	2	3	8	4	1	7	6	9
8	6	9	7	2	5	1	3	4
1	7	4	9	6	3	8	5	2
4	9	1	5	3	2	6	7	8
3	5	6	4	8	7	2	9	1
7	8	2	6	1	9	5	4	3

16

7	2	9	6	3	5	8	1	4
5	4	3	7	8	1	9	2	6
8	1	6	4	9	2	3	5	7
9	7	5	1	6	8	2	4	3
1	6	4	9	2	3	7	8	5
3	8	2	5	7	4	1	6	9
2	9	8	3	4	6	5	7	1
6	5	7	8	1	9	4	3	2
4	3	1	2	5	7	6	9	8

17

7	4	1	6	3	8	9	2	5
8	6	5	2	9	7	3	1	4
3	2	9	1	4	5	6	8	7
2	9	3	4	6	1	7	5	8
4	8	6	7	5	2	1	9	3
1	5	7	3	8	9	2	4	6
6	3	2	8	1	4	5	7	9
9	7	4	5	2	3	8	6	1
5	1	8	9	7	6	4	3	2

18

5	8	6	7	1	9	2	4	3
7	9	4	3	2	6	5	8	1
1	2	3	4	8	5	9	6	7
9	6	1	2	3	4	8	7	5
3	7	5	1	9	8	6	2	4
2	4	8	5	6	7	3	1	9
8	1	2	9	4	3	7	5	6
6	5	9	8	7	1	4	3	2
4	3	7	6	5	2	1	9	8

19

1	7	6	3	9	5	2	4	8
8	4	9	2	6	1	7	3	5
5	3	2	4	7	8	9	6	1
9	1	3	7	4	2	8	5	6
6	5	7	8	3	9	4	1	2
4	2	8	1	5	6	3	9	7
7	8	4	6	1	3	5	2	9
2	9	1	5	8	4	6	7	3
3	6	5	9	2	7	1	8	4

20

6	2	7	5	9	4	3	8	1
3	1	5	7	2	8	4	6	9
4	8	9	3	6	1	5	2	7
1	3	8	6	7	2	9	5	4
9	4	2	1	8	5	7	3	6
5	7	6	9	4	3	8	1	2
7	5	4	2	3	6	1	9	8
8	6	3	4	1	9	2	7	5
2	9	1	8	5	7	6	4	3

21

8	5	7	3	4	2	6	1	9
6	1	4	9	8	5	2	7	3
9	3	2	6	7	1	8	5	4
7	2	5	8	3	6	4	9	1
3	6	9	1	5	4	7	2	8
4	8	1	7	2	9	5	3	6
5	7	6	4	1	3	9	8	2
1	4	8	2	9	7	3	6	5
2	9	3	5	6	8	1	4	7

22

9	3	7	6	4	5	8	1	2
1	2	5	3	7	8	6	4	9
4	8	6	1	2	9	3	5	7
2	7	8	4	5	3	9	6	1
3	9	1	8	6	2	5	7	4
5	6	4	9	1	7	2	8	3
6	1	9	2	8	4	7	3	5
8	5	2	7	3	1	4	9	6
7	4	3	5	9	6	1	2	8

23

8	3	6	1	5	7	9	2	4
9	4	1	2	3	6	7	5	8
2	7	5	4	8	9	1	3	6
4	1	2	3	7	8	6	9	5
3	6	7	5	9	2	4	8	1
5	8	9	6	1	4	2	7	3
1	2	8	7	4	5	3	6	9
6	9	3	8	2	1	5	4	7
7	5	4	9	6	3	8	1	2

24

9	1	2	4	6	5	8	7	3
3	6	7	2	9	8	1	5	4
4	8	5	3	1	7	2	9	6
6	3	9	7	5	2	4	1	8
2	7	1	8	4	9	3	6	5
5	4	8	6	3	1	7	2	9
1	5	4	9	7	3	6	8	2
8	9	6	1	2	4	5	3	7
7	2	3	5	8	6	9	4	1

25

7	8	4	9	5	1	6	2	3
1	6	2	8	4	3	9	5	7
9	5	3	2	7	6	4	8	1
2	3	6	7	9	5	1	4	8
4	7	9	1	8	2	3	6	5
5	1	8	3	6	4	2	7	9
3	4	7	6	1	8	5	9	2
6	9	1	5	2	7	8	3	4
8	2	5	4	3	9	7	1	6

26

1	4	8	5	9	6	7	2	3
7	5	3	2	8	4	6	9	1
6	2	9	3	7	1	4	5	8
9	7	6	4	5	8	1	3	2
4	1	5	6	2	3	8	7	9
8	3	2	7	1	9	5	6	4
2	6	1	8	3	5	9	4	7
5	8	7	9	4	2	3	1	6
3	9	4	1	6	7	2	8	5

27

7	4	5	1	6	2	9	3	8
2	3	8	5	4	9	6	7	1
1	6	9	3	7	8	5	4	2
3	2	4	9	8	5	7	1	6
5	8	6	2	1	7	4	9	3
9	7	1	6	3	4	2	8	5
8	5	3	7	9	6	1	2	4
4	9	2	8	5	1	3	6	7
6	1	7	4	2	3	8	5	9

28

1	5	3	4	9	6	8	2	7
9	4	8	2	3	7	5	1	6
7	6	2	1	5	8	9	3	4
6	1	9	8	2	3	4	7	5
4	3	7	6	1	5	2	9	8
2	8	5	9	7	4	1	6	3
3	7	1	5	8	9	6	4	2
5	9	4	3	6	2	7	8	1
8	2	6	7	4	1	3	5	9

29

7	6	9	5	3	1	8	2	4
3	1	8	4	6	2	7	5	9
2	5	4	8	9	7	1	6	3
8	7	6	2	4	9	3	1	5
1	2	3	6	7	5	4	9	8
4	9	5	3	1	8	2	7	6
9	3	7	1	5	4	6	8	2
5	4	2	7	8	6	9	3	1
6	8	1	9	2	3	5	4	7

30

4	2	5	6	3	8	7	1	9
6	1	3	4	9	7	5	8	2
7	9	8	1	2	5	3	4	6
8	4	7	2	6	3	9	5	1
5	3	9	7	4	1	6	2	8
2	6	1	5	8	9	4	3	7
1	7	4	8	5	6	2	9	3
3	5	6	9	1	2	8	7	4
9	8	2	3	7	4	1	6	5

31

6	8	5	2	4	3	1	9	7
2	9	7	1	8	5	3	4	6
1	3	4	6	7	9	2	8	5
3	6	8	4	1	7	9	5	2
4	1	2	9	5	6	7	3	8
5	7	9	8	3	2	4	6	1
9	5	3	7	6	1	8	2	4
7	4	6	3	2	8	5	1	9
8	2	1	5	9	4	6	7	3

32

8	1	5	4	6	7	2	3	9
3	4	9	2	1	8	6	5	7
7	6	2	3	5	9	1	4	8
9	5	8	6	4	1	3	7	2
4	3	6	7	9	2	8	1	5
1	2	7	5	8	3	9	6	4
2	8	3	1	7	4	5	9	6
5	7	1	9	2	6	4	8	3
6	9	4	8	3	5	7	2	1

33

2	9	5	7	8	3	4	1	6
4	8	1	5	2	6	9	3	7
3	6	7	4	9	1	8	5	2
5	4	9	2	3	8	7	6	1
6	3	8	1	7	5	2	4	9
1	7	2	9	6	4	3	8	5
9	5	3	8	1	7	6	2	4
8	2	4	6	5	9	1	7	3
7	1	6	3	4	2	5	9	8

34

3	5	9	8	1	6	4	2	7
8	2	4	7	3	9	5	6	1
6	7	1	2	5	4	8	3	9
4	9	2	3	6	1	7	8	5
5	1	3	9	8	7	2	4	6
7	6	8	4	2	5	9	1	3
9	3	6	5	4	2	1	7	8
1	4	7	6	9	8	3	5	2
2	8	5	1	7	3	6	9	4

35

8	6	1	4	5	7	3	2	9
9	7	2	6	3	8	4	5	1
4	3	5	1	2	9	8	7	6
5	9	4	3	7	1	2	6	8
3	1	8	9	6	2	5	4	7
6	2	7	5	8	4	1	9	3
2	4	3	8	9	6	7	1	5
1	8	6	7	4	5	9	3	2
7	5	9	2	1	3	6	8	4

36

7	6	8	5	3	4	2	9	1
5	2	3	1	6	9	4	8	7
1	9	4	7	8	2	5	3	6
6	5	2	4	9	8	7	1	3
3	7	9	6	2	1	8	4	5
8	4	1	3	7	5	9	6	2
2	1	5	8	4	6	3	7	9
4	3	6	9	5	7	1	2	8
9	8	7	2	1	3	6	5	4

37

2	5	9	8	3	4	7	1	6
1	8	7	5	6	2	9	4	3
4	3	6	1	9	7	8	2	5
5	6	2	4	1	8	3	9	7
8	7	3	2	5	9	4	6	1
9	4	1	3	7	6	2	5	8
7	1	5	9	2	3	6	8	4
6	2	4	7	8	1	5	3	9
3	9	8	6	4	5	1	7	2

38

1	4	5	6	7	2	3	9	8
8	6	2	1	3	9	5	4	7
3	7	9	5	8	4	1	6	2
7	2	3	4	5	6	8	1	9
6	5	8	3	9	1	7	2	4
9	1	4	8	2	7	6	3	5
2	9	1	7	6	5	4	8	3
4	3	7	9	1	8	2	5	6
5	8	6	2	4	3	9	7	1

39

7	3	9	4	8	6	1	2	5
4	8	2	1	5	9	6	3	7
5	6	1	7	2	3	8	4	9
3	4	6	8	1	5	9	7	2
9	5	7	6	4	2	3	1	8
1	2	8	9	3	7	5	6	4
6	1	5	2	7	8	4	9	3
2	9	3	5	6	4	7	8	1
8	7	4	3	9	1	2	5	6

40

1	7	5	4	2	6	3	8	9
4	9	6	8	3	7	1	5	2
2	8	3	1	9	5	6	4	7
7	6	8	9	5	2	4	1	3
9	3	2	6	1	4	5	7	8
5	1	4	7	8	3	2	9	6
6	5	9	2	7	1	8	3	4
3	4	7	5	6	8	9	2	1
8	2	1	3	4	9	7	6	5

41

8	5	2	6	7	3	1	9	4
6	3	7	4	9	1	8	5	2
4	1	9	8	5	2	3	7	6
3	8	5	1	2	7	4	6	9
7	9	6	3	4	5	2	1	8
2	4	1	9	8	6	5	3	7
9	6	4	5	1	8	7	2	3
1	2	3	7	6	4	9	8	5
5	7	8	2	3	9	6	4	1

42

3	1	6	7	8	4	2	5	9
5	4	9	2	6	3	1	7	8
7	2	8	9	1	5	3	4	6
8	9	2	1	4	6	7	3	5
4	7	5	8	3	9	6	1	2
6	3	1	5	7	2	9	8	4
2	6	7	4	5	1	8	9	3
9	8	4	3	2	7	5	6	1
1	5	3	6	9	8	4	2	7

43

2	1	9	6	3	8	7	4	5
5	4	3	1	9	7	8	6	2
6	7	8	2	5	4	3	1	9
8	2	5	4	1	3	6	9	7
7	3	1	9	2	6	4	5	8
4	9	6	8	7	5	1	2	3
9	8	2	7	6	1	5	3	4
1	5	4	3	8	2	9	7	6
3	6	7	5	4	9	2	8	1

44

9	8	7	3	5	1	6	2	4
3	6	2	4	7	8	1	9	5
5	1	4	2	9	6	8	7	3
8	5	1	9	6	4	2	3	7
4	7	6	8	3	2	9	5	1
2	9	3	7	1	5	4	6	8
1	4	5	6	2	7	3	8	9
7	2	9	1	8	3	5	4	6
6	3	8	5	4	9	7	1	2

45

9	5	6	3	1	4	8	7	2
2	3	4	7	6	8	1	9	5
8	1	7	9	2	5	3	4	6
3	2	1	6	4	9	7	5	8
7	8	5	1	3	2	4	6	9
6	4	9	5	8	7	2	1	3
1	6	2	4	5	3	9	8	7
4	7	8	2	9	6	5	3	1
5	9	3	8	7	1	6	2	4

46

2	6	5	7	4	9	1	3	8
1	3	9	5	8	6	4	2	7
8	4	7	2	1	3	5	6	9
4	1	6	9	2	7	8	5	3
5	9	8	6	3	1	7	4	2
7	2	3	8	5	4	9	1	6
3	5	2	1	9	8	6	7	4
6	8	1	4	7	2	3	9	5
9	7	4	3	6	5	2	8	1

47

9	6	1	2	5	7	8	4	3
4	5	7	8	3	1	2	9	6
3	2	8	4	6	9	1	7	5
5	9	3	7	4	2	6	8	1
8	1	4	6	9	5	3	2	7
6	7	2	1	8	3	9	5	4
7	8	9	3	1	4	5	6	2
1	4	6	5	2	8	7	3	9
2	3	5	9	7	6	4	1	8

48

9	4	3	1	5	8	7	2	6
5	1	2	6	7	9	3	8	4
8	6	7	3	2	4	1	9	5
1	3	6	9	4	5	2	7	8
4	2	5	7	8	1	6	3	9
7	8	9	2	6	3	4	5	1
6	7	1	5	9	2	8	4	3
3	5	8	4	1	7	9	6	2
2	9	4	8	3	6	5	1	7

49

4	8	1	3	5	9	2	6	7
6	3	7	2	1	8	4	5	9
9	2	5	7	6	4	3	1	8
3	1	8	5	4	2	9	7	6
7	5	6	8	9	3	1	2	4
2	4	9	6	7	1	5	8	3
5	6	3	9	2	7	8	4	1
1	9	2	4	8	6	7	3	5
8	7	4	1	3	5	6	9	2

50

4	2	8	1	6	7	5	3	9
3	6	1	5	9	8	7	2	4
7	5	9	2	4	3	1	8	6
9	3	2	4	5	1	8	6	7
6	8	7	9	3	2	4	5	1
5	1	4	7	8	6	2	9	3
2	7	6	8	1	9	3	4	5
1	4	3	6	2	5	9	7	8
8	9	5	3	7	4	6	1	2

51

1	4	7	2	3	8	6	9	5
3	2	5	9	1	6	8	4	7
9	6	8	4	7	5	1	3	2
8	7	6	5	4	3	9	2	1
5	9	2	1	8	7	4	6	3
4	1	3	6	2	9	5	7	8
2	8	1	3	6	4	7	5	9
7	5	4	8	9	2	3	1	6
6	3	9	7	5	1	2	8	4

52

8	5	9	4	1	3	7	2	6
1	6	2	8	9	7	3	5	4
7	3	4	5	2	6	8	9	1
9	7	6	2	8	4	1	3	5
3	2	5	6	7	1	9	4	8
4	8	1	9	3	5	6	7	2
5	9	8	3	6	2	4	1	7
2	1	3	7	4	8	5	6	9
6	4	7	1	5	9	2	8	3

53

5	1	8	3	4	6	2	7	9
3	4	9	2	1	7	6	5	8
2	7	6	8	5	9	3	4	1
8	2	1	5	3	4	9	6	7
4	6	7	9	2	1	5	8	3
9	5	3	6	7	8	1	2	4
6	9	2	4	8	3	7	1	5
7	8	5	1	9	2	4	3	6
1	3	4	7	6	5	8	9	2

54

8	3	7	2	6	9	4	1	5
4	6	5	8	3	1	9	2	7
1	9	2	5	4	7	8	6	3
7	1	6	4	9	8	3	5	2
3	5	4	6	7	2	1	9	8
9	2	8	3	1	5	7	4	6
2	7	1	9	8	6	5	3	4
6	8	3	1	5	4	2	7	9
5	4	9	7	2	3	6	8	1

55

6	3	1	7	4	8	5	9	2
9	8	2	3	5	1	6	4	7
7	5	4	6	2	9	8	1	3
4	9	5	1	6	3	2	7	8
2	6	8	5	7	4	1	3	9
1	7	3	8	9	2	4	6	5
3	1	9	4	8	5	7	2	6
8	2	7	9	1	6	3	5	4
5	4	6	2	3	7	9	8	1

56

6	7	2	1	4	5	8	3	9
1	9	3	2	6	8	7	4	5
5	8	4	3	9	7	1	6	2
8	4	7	9	3	6	5	2	1
3	2	6	7	5	1	4	9	8
9	1	5	4	8	2	6	7	3
7	3	9	5	1	4	2	8	6
4	6	1	8	2	9	3	5	7
2	5	8	6	7	3	9	1	4

57

1	2	9	3	5	7	8	4	6
3	4	5	6	8	2	1	9	7
8	6	7	9	1	4	2	3	5
6	8	3	7	9	1	5	2	4
7	1	4	2	6	5	3	8	9
9	5	2	8	4	3	7	6	1
4	3	8	1	7	9	6	5	2
5	7	6	4	2	8	9	1	3
2	9	1	5	3	6	4	7	8

58

1	2	6	5	9	7	8	3	4
5	8	9	4	3	6	2	1	7
3	4	7	8	1	2	5	9	6
4	1	8	6	7	5	9	2	3
2	6	3	1	8	9	4	7	5
9	7	5	2	4	3	6	8	1
7	3	2	9	5	4	1	6	8
6	5	1	7	2	8	3	4	9
8	9	4	3	6	1	7	5	2

59

5	7	6	4	1	9	2	8	3
8	2	1	6	3	5	7	4	9
4	3	9	8	2	7	6	1	5
3	5	8	9	4	2	1	7	6
6	1	4	7	8	3	9	5	2
2	9	7	5	6	1	4	3	8
1	6	2	3	5	4	8	9	7
7	8	5	1	9	6	3	2	4
9	4	3	2	7	8	5	6	1

60

8	6	2	3	7	9	5	1	4
5	3	1	4	6	8	7	2	9
4	9	7	1	2	5	6	8	3
9	4	6	5	8	7	1	3	2
7	1	8	2	4	3	9	6	5
2	5	3	6	9	1	8	4	7
1	2	4	9	5	6	3	7	8
3	8	9	7	1	4	2	5	6
6	7	5	8	3	2	4	9	1

61

4	2	6	7	1	3	9	5	8
8	5	3	9	4	2	1	7	6
1	7	9	8	5	6	2	4	3
3	9	2	5	6	4	7	8	1
5	1	8	2	3	7	4	6	9
6	4	7	1	9	8	3	2	5
9	8	1	4	2	5	6	3	7
7	6	4	3	8	1	5	9	2
2	3	5	6	7	9	8	1	4

62

8	1	3	2	5	4	7	6	9
6	2	4	7	9	3	1	8	5
9	7	5	1	8	6	3	4	2
1	5	8	4	3	2	6	9	7
4	3	2	9	6	7	5	1	8
7	9	6	8	1	5	2	3	4
3	6	9	5	7	8	4	2	1
2	8	7	6	4	1	9	5	3
5	4	1	3	2	9	8	7	6

63

3	7	5	4	1	8	6	2	9
1	9	6	2	3	7	8	4	5
8	4	2	6	9	5	1	7	3
2	3	4	9	7	6	5	1	8
9	8	1	5	2	4	3	6	7
6	5	7	3	8	1	4	9	2
5	2	9	1	6	3	7	8	4
7	1	3	8	4	2	9	5	6
4	6	8	7	5	9	2	3	1

64

8	1	3	7	5	9	2	4	6
7	6	5	4	2	8	3	9	1
4	2	9	1	3	6	7	5	8
9	4	1	8	6	2	5	7	3
5	8	6	3	9	7	4	1	2
2	3	7	5	4	1	6	8	9
3	5	2	9	8	4	1	6	7
6	7	8	2	1	5	9	3	4
1	9	4	6	7	3	8	2	5

65

3	1	8	4	6	5	7	9	2
5	9	2	7	1	8	3	4	6
7	4	6	3	9	2	5	8	1
9	7	4	5	8	6	1	2	3
2	3	1	9	4	7	6	5	8
8	6	5	1	2	3	4	7	9
4	8	9	6	7	1	2	3	5
1	2	3	8	5	4	9	6	7
6	5	7	2	3	9	8	1	4

66

2	9	5	8	6	3	7	4	1
4	3	6	2	1	7	8	5	9
8	7	1	5	4	9	6	2	3
3	8	2	4	7	5	1	9	6
7	6	4	1	9	2	5	3	8
1	5	9	6	3	8	2	7	4
9	1	7	3	5	6	4	8	2
6	2	3	7	8	4	9	1	5
5	4	8	9	2	1	3	6	7

67

1	7	3	4	6	8	9	2	5
4	2	5	9	7	3	8	1	6
8	9	6	5	2	1	7	3	4
6	8	9	3	1	7	5	4	2
5	1	7	2	4	6	3	9	8
2	3	4	8	9	5	1	6	7
3	4	1	7	5	2	6	8	9
7	6	2	1	8	9	4	5	3
9	5	8	6	3	4	2	7	1

68

8	9	2	1	7	5	6	4	3
3	1	5	4	9	6	8	7	2
4	6	7	8	2	3	1	9	5
2	4	1	5	8	9	7	3	6
6	5	8	3	4	7	2	1	9
7	3	9	2	6	1	4	5	8
9	8	4	7	3	2	5	6	1
1	2	6	9	5	4	3	8	7
5	7	3	6	1	8	9	2	4

69

6	8	2	1	5	3	4	9	7
1	7	9	4	8	6	2	3	5
3	5	4	2	7	9	8	6	1
5	3	1	7	9	8	6	2	4
8	2	7	6	3	4	5	1	9
4	9	6	5	2	1	7	8	3
7	4	8	3	1	2	9	5	6
2	1	5	9	6	7	3	4	8
9	6	3	8	4	5	1	7	2

70

7	9	8	1	4	3	6	5	2
4	1	5	7	2	6	8	3	9
3	2	6	8	9	5	1	4	7
8	6	4	3	7	9	5	2	1
1	7	3	2	5	4	9	6	8
2	5	9	6	1	8	3	7	4
5	3	7	4	8	1	2	9	6
6	8	2	9	3	7	4	1	5
9	4	1	5	6	2	7	8	3

71

9	1	3	7	5	8	2	4	6
7	5	6	2	1	4	8	9	3
2	8	4	3	6	9	5	7	1
8	6	7	4	9	3	1	5	2
1	4	2	8	7	5	3	6	9
3	9	5	1	2	6	7	8	4
5	2	1	6	4	7	9	3	8
4	7	8	9	3	1	6	2	5
6	3	9	5	8	2	4	1	7

72

5	1	9	6	4	3	2	7	8
2	7	4	1	5	8	6	3	9
3	8	6	9	2	7	1	5	4
1	9	5	3	8	6	7	4	2
8	4	7	2	9	5	3	1	6
6	2	3	7	1	4	8	9	5
9	3	2	5	6	1	4	8	7
4	6	1	8	7	9	5	2	3
7	5	8	4	3	2	9	6	1

73

6	8	5	4	9	3	1	2	7
4	1	9	2	7	5	8	3	6
7	2	3	1	8	6	9	5	4
9	5	6	3	1	8	7	4	2
3	4	1	7	2	9	6	8	5
2	7	8	5	6	4	3	9	1
1	6	4	8	3	2	5	7	9
8	9	2	6	5	7	4	1	3
5	3	7	9	4	1	2	6	8

74

2	9	8	5	4	3	1	6	7
3	5	6	8	7	1	9	2	4
7	1	4	9	6	2	3	8	5
9	8	3	1	5	4	2	7	6
5	6	2	7	3	9	4	1	8
4	7	1	6	2	8	5	3	9
6	3	7	2	9	5	8	4	1
8	2	9	4	1	7	6	5	3
1	4	5	3	8	6	7	9	2

75

8	9	1	3	5	7	2	6	4
3	7	2	6	4	8	5	1	9
6	4	5	1	2	9	3	7	8
9	5	4	2	8	1	6	3	7
2	1	8	7	6	3	4	9	5
7	3	6	5	9	4	8	2	1
1	8	7	4	3	2	9	5	6
4	6	3	9	7	5	1	8	2
5	2	9	8	1	6	7	4	3

76

6	2	1	3	5	4	8	9	7
3	4	7	2	9	8	6	5	1
5	9	8	6	7	1	3	4	2
7	1	4	9	6	2	5	3	8
2	5	6	1	8	3	9	7	4
9	8	3	7	4	5	1	2	6
4	3	2	8	1	9	7	6	5
1	6	9	5	2	7	4	8	3
8	7	5	4	3	6	2	1	9

77

5	3	2	7	4	6	1	8	9
4	6	8	3	1	9	5	2	7
9	7	1	2	5	8	3	6	4
2	4	7	9	6	3	8	5	1
1	8	3	4	2	5	7	9	6
6	9	5	8	7	1	2	4	3
8	2	9	1	3	4	6	7	5
3	5	4	6	8	7	9	1	2
7	1	6	5	9	2	4	3	8

78

3	7	8	9	1	2	5	4	6
2	6	9	4	5	3	8	1	7
5	1	4	6	7	8	9	2	3
4	2	1	3	8	6	7	5	9
7	5	3	1	4	9	6	8	2
8	9	6	7	2	5	4	3	1
6	4	2	5	3	7	1	9	8
1	3	7	8	9	4	2	6	5
9	8	5	2	6	1	3	7	4

79

3	1	4	8	9	7	6	5	2
2	9	8	5	3	6	7	1	4
5	6	7	2	1	4	3	9	8
6	7	2	3	8	1	5	4	9
9	3	1	7	4	5	8	2	6
8	4	5	6	2	9	1	7	3
7	8	9	1	6	2	4	3	5
1	2	6	4	5	3	9	8	7
4	5	3	9	7	8	2	6	1

80

5	1	7	3	8	2	4	6	9
8	6	9	4	5	1	7	3	2
2	4	3	7	9	6	1	8	5
4	3	2	5	1	7	6	9	8
6	5	8	9	2	4	3	1	7
9	7	1	8	6	3	2	5	4
1	8	4	6	7	9	5	2	3
7	9	6	2	3	5	8	4	1
3	2	5	1	4	8	9	7	6

81

5	3	6	8	7	9	1	2	4
1	8	9	3	2	4	7	5	6
2	4	7	1	6	5	8	9	3
6	2	1	5	3	8	4	7	9
8	9	5	7	4	6	3	1	2
4	7	3	2	9	1	5	6	8
7	6	4	9	1	3	2	8	5
9	5	2	4	8	7	6	3	1
3	1	8	6	5	2	9	4	7

82

3	9	4	7	2	8	5	1	6
5	6	1	4	3	9	2	8	7
2	8	7	1	6	5	9	3	4
4	2	6	9	7	3	1	5	8
8	3	5	6	4	1	7	2	9
1	7	9	8	5	2	4	6	3
6	1	3	2	9	7	8	4	5
7	4	2	5	8	6	3	9	1
9	5	8	3	1	4	6	7	2

83

4	7	5	6	1	8	2	3	9
3	6	8	4	2	9	1	5	7
1	9	2	3	7	5	4	6	8
7	4	1	2	8	3	5	9	6
2	5	6	7	9	4	3	8	1
8	3	9	5	6	1	7	2	4
6	1	4	8	3	2	9	7	5
9	2	7	1	5	6	8	4	3
5	8	3	9	4	7	6	1	2

84

7	4	9	3	6	8	1	2	5
6	3	2	5	1	9	7	8	4
5	8	1	2	4	7	6	9	3
1	9	6	4	3	5	2	7	8
3	2	4	7	8	1	5	6	9
8	7	5	6	9	2	3	4	1
9	6	7	8	5	3	4	1	2
4	1	3	9	2	6	8	5	7
2	5	8	1	7	4	9	3	6

85

6	5	3	8	1	4	7	9	2
2	9	4	7	6	3	1	5	8
7	1	8	5	9	2	3	4	6
4	2	9	6	7	1	8	3	5
1	3	6	4	5	8	2	7	9
5	8	7	2	3	9	6	1	4
8	4	1	3	2	5	9	6	7
9	7	5	1	8	6	4	2	3
3	6	2	9	4	7	5	8	1

86

6	7	9	5	1	4	8	3	2
4	2	1	6	8	3	7	9	5
5	3	8	7	2	9	1	6	4
2	8	4	9	3	6	5	1	7
1	6	7	8	5	2	9	4	3
3	9	5	1	4	7	6	2	8
7	1	2	3	9	5	4	8	6
9	4	6	2	7	8	3	5	1
8	5	3	4	6	1	2	7	9

87

5	1	6	2	7	8	3	4	9
8	3	9	4	1	6	5	7	2
7	2	4	5	3	9	1	6	8
2	7	1	9	5	4	6	8	3
9	6	3	1	8	2	7	5	4
4	5	8	3	6	7	9	2	1
1	4	5	6	2	3	8	9	7
3	9	7	8	4	5	2	1	6
6	8	2	7	9	1	4	3	5

88

3	7	4	1	6	2	5	8	9
6	5	2	8	9	3	4	7	1
8	9	1	4	7	5	3	6	2
7	8	9	2	5	4	1	3	6
5	1	6	7	3	8	9	2	4
2	4	3	6	1	9	7	5	8
1	2	7	3	4	6	8	9	5
4	6	5	9	8	7	2	1	3
9	3	8	5	2	1	6	4	7

89

1	8	3	2	9	6	4	7	5
7	2	6	4	3	5	8	9	1
5	9	4	7	1	8	2	3	6
3	5	1	6	8	2	9	4	7
8	4	9	1	5	7	6	2	3
6	7	2	9	4	3	1	5	8
9	1	8	5	7	4	3	6	2
4	6	7	3	2	1	5	8	9
2	3	5	8	6	9	7	1	4

90

7	1	8	3	9	6	4	2	5
5	4	6	2	7	1	9	8	3
9	2	3	8	5	4	1	6	7
2	5	7	4	8	9	6	3	1
3	9	1	7	6	2	5	4	8
8	6	4	1	3	5	7	9	2
1	7	2	6	4	8	3	5	9
4	8	9	5	1	3	2	7	6
6	3	5	9	2	7	8	1	4

91

7	5	3	1	9	2	8	4	6
6	8	9	3	4	5	1	2	7
2	1	4	7	8	6	5	9	3
4	6	8	5	3	7	2	1	9
1	3	2	4	6	9	7	8	5
5	9	7	8	2	1	6	3	4
3	7	5	9	1	8	4	6	2
9	2	1	6	7	4	3	5	8
8	4	6	2	5	3	9	7	1

92

8	6	7	1	4	3	5	9	2
4	2	1	5	7	9	6	8	3
9	3	5	6	8	2	4	7	1
7	4	8	3	6	1	2	5	9
5	1	3	2	9	8	7	4	6
6	9	2	4	5	7	1	3	8
2	7	9	8	1	5	3	6	4
1	5	4	9	3	6	8	2	7
3	8	6	7	2	4	9	1	5

93

6	3	1	5	4	2	7	9	8
8	5	9	1	6	7	2	3	4
2	4	7	9	3	8	1	6	5
9	6	3	4	2	5	8	7	1
7	2	8	3	1	6	4	5	9
5	1	4	8	7	9	3	2	6
4	8	6	7	5	3	9	1	2
3	9	5	2	8	1	6	4	7
1	7	2	6	9	4	5	8	3

94

8	5	4	6	7	1	3	2	9
1	7	6	3	2	9	4	5	8
9	3	2	4	8	5	1	6	7
3	1	5	2	4	7	9	8	6
6	4	7	8	9	3	2	1	5
2	8	9	5	1	6	7	4	3
4	2	3	9	5	8	6	7	1
5	9	1	7	6	4	8	3	2
7	6	8	1	3	2	5	9	4

95

8	9	4	7	2	5	6	1	3
3	5	7	6	1	9	8	4	2
1	2	6	4	3	8	9	7	5
5	7	8	1	9	2	4	3	6
6	3	2	8	4	7	5	9	1
4	1	9	5	6	3	7	2	8
9	4	1	3	5	6	2	8	7
7	6	3	2	8	4	1	5	9
2	8	5	9	7	1	3	6	4

96

9	5	6	3	2	1	4	8	7
1	8	4	7	5	6	3	2	9
2	3	7	9	8	4	6	5	1
5	1	9	4	6	7	8	3	2
4	6	8	2	3	9	7	1	5
7	2	3	5	1	8	9	6	4
6	4	5	8	7	2	1	9	3
3	7	1	6	9	5	2	4	8
8	9	2	1	4	3	5	7	6

97

3	2	8	5	7	4	9	6	1
4	9	5	3	1	6	2	7	8
7	1	6	2	9	8	3	4	5
2	3	1	4	6	7	5	8	9
9	5	4	1	8	2	6	3	7
8	6	7	9	5	3	4	1	2
5	4	3	7	2	1	8	9	6
6	7	9	8	4	5	1	2	3
1	8	2	6	3	9	7	5	4

98

7	8	4	2	6	3	9	5	1
3	9	2	1	7	5	8	6	4
6	5	1	4	8	9	7	3	2
9	2	8	3	5	6	4	1	7
1	6	5	8	4	7	3	2	9
4	7	3	9	2	1	5	8	6
2	1	7	5	9	8	6	4	3
8	4	6	7	3	2	1	9	5
5	3	9	6	1	4	2	7	8

99

8	7	9	1	6	4	2	5	3
4	5	2	3	9	7	1	6	8
1	6	3	2	8	5	7	9	4
6	9	5	4	2	8	3	1	7
2	4	7	9	1	3	6	8	5
3	1	8	5	7	6	4	2	9
5	8	4	6	3	1	9	7	2
7	2	6	8	4	9	5	3	1
9	3	1	7	5	2	8	4	6

100

6	5	4	2	1	8	3	7	9
9	8	3	6	4	7	5	2	1
1	7	2	5	9	3	4	6	8
3	1	7	9	2	4	8	5	6
8	6	9	1	7	5	2	4	3
2	4	5	3	8	6	1	9	7
7	2	8	4	6	1	9	3	5
5	9	6	8	3	2	7	1	4
4	3	1	7	5	9	6	8	2

101

1	4	3	2	5	6	9	7	8
8	9	6	1	7	4	5	2	3
7	5	2	8	9	3	4	1	6
4	1	9	6	3	7	8	5	2
2	7	5	9	1	8	3	6	4
3	6	8	5	4	2	1	9	7
5	3	4	7	6	1	2	8	9
9	2	7	3	8	5	6	4	1
6	8	1	4	2	9	7	3	5

102

4	8	6	1	7	3	9	2	5
5	9	2	4	6	8	1	7	3
1	7	3	2	5	9	4	8	6
7	1	5	6	4	2	3	9	8
3	4	9	7	8	5	2	6	1
6	2	8	3	9	1	7	5	4
2	6	7	5	1	4	8	3	9
8	3	1	9	2	6	5	4	7
9	5	4	8	3	7	6	1	2

103

8	2	9	3	4	1	5	7	6
4	3	5	2	6	7	9	8	1
1	6	7	5	9	8	3	4	2
2	5	8	4	7	6	1	3	9
9	4	1	8	3	2	7	6	5
3	7	6	1	5	9	4	2	8
5	1	2	7	8	3	6	9	4
6	8	3	9	1	4	2	5	7
7	9	4	6	2	5	8	1	3

104

2	9	4	6	8	1	7	5	3
3	8	6	4	7	5	2	1	9
1	7	5	2	3	9	6	4	8
5	4	9	3	6	7	1	8	2
6	1	7	5	2	8	3	9	4
8	3	2	9	1	4	5	7	6
4	2	8	1	5	3	9	6	7
9	5	3	7	4	6	8	2	1
7	6	1	8	9	2	4	3	5

105

9	2	8	5	6	3	4	1	7
1	6	3	7	9	4	8	5	2
4	7	5	2	1	8	9	6	3
8	4	1	6	3	2	5	7	9
6	5	9	8	4	7	3	2	1
7	3	2	9	5	1	6	4	8
2	8	4	3	7	6	1	9	5
5	1	7	4	8	9	2	3	6
3	9	6	1	2	5	7	8	4

106

4	7	3	6	9	1	2	5	8
2	6	9	3	5	8	1	4	7
5	1	8	2	7	4	3	6	9
8	9	2	7	1	6	4	3	5
3	5	1	4	8	9	6	7	2
7	4	6	5	3	2	8	9	1
6	2	5	8	4	7	9	1	3
9	3	4	1	2	5	7	8	6
1	8	7	9	6	3	5	2	4

107

3	8	1	9	7	4	5	2	6
2	6	4	1	8	5	9	7	3
7	9	5	2	3	6	4	1	8
6	3	2	8	1	9	7	5	4
9	5	7	4	6	3	2	8	1
1	4	8	5	2	7	6	3	9
4	2	3	7	9	8	1	6	5
8	1	9	6	5	2	3	4	7
5	7	6	3	4	1	8	9	2

108

5	3	8	9	6	1	2	4	7
2	4	1	7	8	5	9	3	6
9	7	6	3	2	4	1	8	5
3	2	5	1	9	8	6	7	4
6	1	7	4	5	3	8	9	2
4	8	9	2	7	6	5	1	3
7	6	3	5	1	9	4	2	8
8	9	4	6	3	2	7	5	1
1	5	2	8	4	7	3	6	9

109

6	3	7	9	5	8	1	4	2
8	2	1	4	6	7	5	3	9
5	4	9	1	3	2	8	7	6
1	5	2	8	7	6	4	9	3
7	9	8	3	2	4	6	5	1
4	6	3	5	9	1	7	2	8
2	7	5	6	1	3	9	8	4
3	8	6	7	4	9	2	1	5
9	1	4	2	8	5	3	6	7

110

1	2	3	5	4	7	8	6	9
7	9	4	2	6	8	3	1	5
6	5	8	1	9	3	7	4	2
5	1	6	7	2	4	9	3	8
8	7	2	3	1	9	4	5	6
4	3	9	6	8	5	1	2	7
9	8	5	4	3	6	2	7	1
2	4	7	8	5	1	6	9	3
3	6	1	9	7	2	5	8	4

111

4	6	1	5	7	3	9	2	8
2	5	3	9	4	8	7	1	6
7	8	9	1	2	6	3	5	4
5	7	4	2	3	1	6	8	9
6	9	2	7	8	5	4	3	1
1	3	8	6	9	4	5	7	2
8	4	6	3	5	2	1	9	7
3	1	7	8	6	9	2	4	5
9	2	5	4	1	7	8	6	3

112

6	5	8	3	7	9	2	1	4
1	7	9	4	5	2	8	3	6
3	4	2	6	8	1	7	9	5
8	6	3	2	1	5	4	7	9
9	2	4	7	3	6	5	8	1
5	1	7	8	9	4	3	6	2
7	9	1	5	2	8	6	4	3
4	3	5	9	6	7	1	2	8
2	8	6	1	4	3	9	5	7

113

6	8	2	4	3	5	7	9	1
1	3	4	8	7	9	5	2	6
7	9	5	1	2	6	4	8	3
3	4	7	2	9	8	1	6	5
8	1	9	6	5	3	2	7	4
2	5	6	7	1	4	9	3	8
5	6	3	9	4	2	8	1	7
4	2	1	3	8	7	6	5	9
9	7	8	5	6	1	3	4	2

114

9	5	8	4	7	6	1	3	2
3	1	4	2	5	9	8	7	6
6	2	7	1	8	3	9	5	4
1	8	3	5	2	7	6	4	9
4	6	5	9	3	8	2	1	7
7	9	2	6	1	4	5	8	3
8	3	6	7	9	5	4	2	1
2	7	9	8	4	1	3	6	5
5	4	1	3	6	2	7	9	8

115

2	4	1	3	8	6	7	5	9
8	9	7	1	5	2	3	4	6
3	6	5	4	7	9	2	1	8
6	8	9	5	4	3	1	2	7
1	5	4	9	2	7	8	6	3
7	2	3	8	6	1	4	9	5
5	1	8	7	9	4	6	3	2
4	7	6	2	3	5	9	8	1
9	3	2	6	1	8	5	7	4

116

7	5	2	8	9	4	6	3	1
9	4	3	1	5	6	7	8	2
8	1	6	2	3	7	9	5	4
4	2	9	5	7	8	1	6	3
3	7	5	6	1	9	4	2	8
6	8	1	3	4	2	5	7	9
1	3	4	7	2	5	8	9	6
2	6	7	9	8	1	3	4	5
5	9	8	4	6	3	2	1	7

117

3	7	8	4	9	2	1	5	6
4	2	5	1	6	3	7	8	9
6	1	9	5	8	7	2	4	3
2	5	6	9	3	8	4	1	7
8	9	4	2	7	1	3	6	5
7	3	1	6	4	5	9	2	8
5	8	3	7	1	4	6	9	2
9	4	7	8	2	6	5	3	1
1	6	2	3	5	9	8	7	4

118

7	2	1	8	5	9	4	6	3
5	6	8	7	3	4	2	1	9
3	9	4	2	6	1	8	5	7
2	7	3	1	4	8	5	9	6
9	8	5	6	7	2	1	3	4
4	1	6	3	9	5	7	8	2
6	5	7	4	1	3	9	2	8
8	4	9	5	2	6	3	7	1
1	3	2	9	8	7	6	4	5

119

2	7	3	4	5	8	6	9	1
5	1	9	7	6	2	4	3	8
6	4	8	1	9	3	2	7	5
3	2	7	6	8	1	5	4	9
9	8	1	5	2	4	3	6	7
4	5	6	3	7	9	1	8	2
7	9	5	2	4	6	8	1	3
8	3	4	9	1	5	7	2	6
1	6	2	8	3	7	9	5	4

120

1	7	2	4	5	8	3	6	9
3	8	9	1	2	6	4	5	7
6	5	4	9	7	3	8	1	2
8	9	3	6	1	5	2	7	4
4	2	5	8	9	7	6	3	1
7	6	1	3	4	2	5	9	8
9	4	8	5	6	1	7	2	3
5	1	7	2	3	4	9	8	6
2	3	6	7	8	9	1	4	5

121

9	2	1	6	5	8	3	4	7
6	8	3	7	4	9	1	5	2
4	5	7	3	1	2	9	6	8
3	6	9	5	2	4	7	8	1
1	7	2	8	9	6	5	3	4
8	4	5	1	7	3	6	2	9
7	1	8	2	3	5	4	9	6
5	9	6	4	8	7	2	1	3
2	3	4	9	6	1	8	7	5

122

6	2	9	1	8	4	5	3	7
3	5	4	7	2	9	1	8	6
1	8	7	5	6	3	4	2	9
5	7	3	9	1	6	2	4	8
8	4	1	2	3	7	9	6	5
9	6	2	8	4	5	3	7	1
4	3	5	6	9	8	7	1	2
2	9	8	4	7	1	6	5	3
7	1	6	3	5	2	8	9	4

123

3	4	2	8	7	9	5	1	6
5	1	7	6	4	3	9	2	8
8	6	9	1	2	5	4	7	3
2	5	3	9	6	7	8	4	1
4	9	1	3	8	2	6	5	7
7	8	6	5	1	4	2	3	9
9	7	4	2	3	8	1	6	5
6	2	5	7	9	1	3	8	4
1	3	8	4	5	6	7	9	2

124

1	3	6	4	9	2	8	7	5
2	4	7	5	8	6	1	9	3
5	8	9	1	7	3	4	2	6
3	6	1	9	4	5	2	8	7
8	9	5	2	6	7	3	4	1
4	7	2	8	3	1	5	6	9
7	2	4	3	1	9	6	5	8
9	1	8	6	5	4	7	3	2
6	5	3	7	2	8	9	1	4

125

9	2	7	5	8	6	4	3	1
3	4	6	2	9	1	7	5	8
8	1	5	4	7	3	9	6	2
6	3	4	8	5	9	2	1	7
5	7	2	6	1	4	8	9	3
1	8	9	3	2	7	6	4	5
7	6	1	9	3	8	5	2	4
4	5	3	7	6	2	1	8	9
2	9	8	1	4	5	3	7	6

126

3	7	2	9	6	8	4	5	1
8	1	5	7	3	4	9	6	2
6	4	9	1	5	2	8	3	7
4	2	1	5	7	6	3	9	8
5	9	3	8	4	1	2	7	6
7	6	8	3	2	9	5	1	4
9	5	6	2	8	7	1	4	3
1	8	4	6	9	3	7	2	5
2	3	7	4	1	5	6	8	9

127

3	9	5	6	1	2	4	8	7
6	4	1	5	8	7	2	3	9
7	8	2	3	9	4	6	1	5
8	7	4	9	2	6	3	5	1
9	5	6	1	4	3	7	2	8
2	1	3	8	7	5	9	6	4
5	2	8	7	3	9	1	4	6
1	3	9	4	6	8	5	7	2
4	6	7	2	5	1	8	9	3

128

2	5	6	3	4	8	1	7	9
4	7	1	2	9	6	8	5	3
8	3	9	1	5	7	2	6	4
9	2	5	7	8	1	4	3	6
1	6	8	4	3	5	9	2	7
3	4	7	9	6	2	5	8	1
5	9	3	6	2	4	7	1	8
7	8	4	5	1	3	6	9	2
6	1	2	8	7	9	3	4	5

129

8	4	9	5	1	7	6	3	2
2	5	1	3	4	6	9	8	7
3	7	6	8	2	9	4	1	5
9	6	7	2	8	5	3	4	1
4	2	3	6	9	1	5	7	8
1	8	5	4	7	3	2	9	6
7	3	8	9	5	2	1	6	4
6	1	2	7	3	4	8	5	9
5	9	4	1	6	8	7	2	3

130

1	9	4	3	7	2	6	5	8
7	6	2	4	8	5	1	9	3
3	8	5	1	9	6	2	4	7
6	3	9	8	5	7	4	1	2
4	7	8	2	1	9	3	6	5
5	2	1	6	4	3	7	8	9
8	4	3	5	2	1	9	7	6
2	5	7	9	6	4	8	3	1
9	1	6	7	3	8	5	2	4

131

6	7	8	3	1	4	2	9	5
1	2	5	7	8	9	3	6	4
3	9	4	6	5	2	7	8	1
5	8	9	4	7	3	1	2	6
7	3	6	8	2	1	5	4	9
2	4	1	5	9	6	8	3	7
8	6	2	1	4	5	9	7	3
9	1	3	2	6	7	4	5	8
4	5	7	9	3	8	6	1	2

132

1	2	8	9	4	3	7	5	6
6	7	4	1	5	2	3	9	8
9	3	5	8	6	7	4	1	2
8	4	6	7	3	1	5	2	9
3	9	1	4	2	5	8	6	7
7	5	2	6	8	9	1	4	3
5	6	7	3	9	4	2	8	1
4	1	9	2	7	8	6	3	5
2	8	3	5	1	6	9	7	4

133

5	4	6	8	2	9	3	1	7
1	2	3	4	6	7	9	8	5
8	9	7	1	3	5	4	2	6
2	1	8	9	4	6	7	5	3
7	5	4	3	1	8	6	9	2
6	3	9	7	5	2	1	4	8
3	8	1	5	7	4	2	6	9
4	6	5	2	9	3	8	7	1
9	7	2	6	8	1	5	3	4

134

8	3	7	5	2	4	1	6	9
2	1	4	3	9	6	8	5	7
6	9	5	1	7	8	3	2	4
1	7	3	4	8	2	5	9	6
4	8	6	9	5	3	7	1	2
5	2	9	7	6	1	4	8	3
7	5	1	2	4	9	6	3	8
3	6	2	8	1	7	9	4	5
9	4	8	6	3	5	2	7	1

135

3	6	1	8	5	9	4	2	7
5	2	8	4	1	7	3	9	6
9	4	7	2	3	6	5	8	1
1	9	6	7	4	3	8	5	2
7	8	2	1	9	5	6	3	4
4	5	3	6	8	2	1	7	9
2	3	4	5	7	1	9	6	8
6	1	5	9	2	8	7	4	3
8	7	9	3	6	4	2	1	5

136

9	6	7	5	8	2	1	4	3
3	4	2	1	9	7	8	6	5
5	1	8	4	6	3	7	2	9
8	3	5	7	1	6	4	9	2
7	2	4	9	3	5	6	8	1
1	9	6	8	2	4	5	3	7
2	5	1	6	4	9	3	7	8
6	8	3	2	7	1	9	5	4
4	7	9	3	5	8	2	1	6

137

3	1	2	7	8	5	9	4	6
6	4	5	3	2	9	7	8	1
8	9	7	4	1	6	2	3	5
9	6	4	1	3	8	5	2	7
5	3	8	9	7	2	6	1	4
2	7	1	6	5	4	3	9	8
1	5	3	2	4	7	8	6	9
4	8	6	5	9	3	1	7	2
7	2	9	8	6	1	4	5	3

138

3	8	9	5	4	2	6	7	1
5	2	7	6	3	1	4	9	8
6	4	1	9	8	7	5	3	2
7	6	8	1	5	3	2	4	9
4	3	5	2	6	9	1	8	7
1	9	2	4	7	8	3	6	5
2	7	6	3	9	5	8	1	4
9	5	4	8	1	6	7	2	3
8	1	3	7	2	4	9	5	6

139

6	9	7	2	3	5	1	8	4
2	4	3	8	1	6	9	5	7
1	5	8	9	7	4	2	6	3
9	6	4	1	8	7	3	2	5
7	8	2	5	9	3	4	1	6
5	3	1	6	4	2	7	9	8
8	7	5	4	2	1	6	3	9
3	2	6	7	5	9	8	4	1
4	1	9	3	6	8	5	7	2

140

2	9	3	8	7	5	6	4	1
5	8	1	3	6	4	2	7	9
6	7	4	2	1	9	5	3	8
1	2	6	4	3	7	9	8	5
9	4	7	1	5	8	3	2	6
3	5	8	6	9	2	7	1	4
8	1	5	9	2	3	4	6	7
4	3	9	7	8	6	1	5	2
7	6	2	5	4	1	8	9	3

HARD SUDOKU SOLUTIONS

1

2	8	1	4	3	6	7	9	5
5	3	4	9	7	1	6	8	2
6	9	7	5	8	2	3	4	1
7	2	3	8	1	4	9	5	6
4	1	6	7	5	9	8	2	3
9	5	8	2	6	3	4	1	7
3	4	5	6	2	8	1	7	9
1	7	9	3	4	5	2	6	8
8	6	2	1	9	7	5	3	4

2

1	3	9	5	2	8	4	6	7
4	2	6	7	3	1	5	9	8
8	5	7	6	9	4	3	2	1
7	6	1	4	5	9	2	8	3
2	4	5	8	7	3	9	1	6
9	8	3	1	6	2	7	4	5
6	9	2	3	1	7	8	5	4
3	1	8	9	4	5	6	7	2
5	7	4	2	8	6	1	3	9

3

4	7	1	6	8	3	2	5	9
8	2	9	1	5	7	3	6	4
5	6	3	2	9	4	8	7	1
7	1	5	4	2	6	9	3	8
2	8	6	3	1	9	7	4	5
3	9	4	5	7	8	6	1	2
9	4	7	8	3	1	5	2	6
6	5	8	7	4	2	1	9	3
1	3	2	9	6	5	4	8	7

4

4	2	7	8	1	3	5	6	9
3	8	5	6	4	9	2	7	1
9	1	6	2	5	7	4	3	8
7	3	4	1	8	5	6	9	2
6	5	1	9	7	2	3	8	4
8	9	2	4	3	6	1	5	7
5	4	3	7	2	8	9	1	6
2	7	9	3	6	1	8	4	5
1	6	8	5	9	4	7	2	3

5

1	4	3	5	6	9	2	7	8
8	6	9	1	2	7	5	3	4
5	2	7	3	8	4	6	9	1
4	9	8	2	1	3	7	6	5
7	5	2	6	4	8	9	1	3
3	1	6	7	9	5	8	4	2
2	8	1	9	3	6	4	5	7
6	3	5	4	7	2	1	8	9
9	7	4	8	5	1	3	2	6

6

7	5	8	6	4	3	9	1	2
1	6	9	2	7	5	3	4	8
2	4	3	8	1	9	7	5	6
6	8	1	5	9	4	2	3	7
9	3	2	7	6	1	4	8	5
5	7	4	3	8	2	1	6	9
8	2	5	4	3	7	6	9	1
4	9	7	1	5	6	8	2	3
3	1	6	9	2	8	5	7	4

7

8	5	1	2	4	9	3	7	6
2	3	9	1	7	6	8	4	5
7	6	4	5	3	8	1	2	9
1	9	7	6	5	3	4	8	2
6	4	2	7	8	1	5	9	3
5	8	3	4	9	2	6	1	7
4	2	6	9	1	5	7	3	8
9	7	8	3	6	4	2	5	1
3	1	5	8	2	7	9	6	4

8

6	1	3	5	2	9	4	8	7
2	8	7	3	4	6	1	5	9
9	4	5	8	1	7	2	3	6
4	5	1	6	7	2	8	9	3
3	7	6	9	8	4	5	2	1
8	9	2	1	3	5	6	7	4
1	2	4	7	5	3	9	6	8
5	3	9	4	6	8	7	1	2
7	6	8	2	9	1	3	4	5

9

1	9	8	2	3	6	4	5	7
5	6	2	1	7	4	3	8	9
3	4	7	5	9	8	1	6	2
2	8	4	9	6	3	5	7	1
6	7	1	8	2	5	9	4	3
9	3	5	7	4	1	6	2	8
7	2	6	3	5	9	8	1	4
8	5	9	4	1	2	7	3	6
4	1	3	6	8	7	2	9	5

10

8	5	4	9	6	3	7	1	2
9	1	6	7	2	5	8	3	4
2	7	3	8	4	1	6	9	5
5	2	1	4	8	7	9	6	3
6	3	7	1	9	2	4	5	8
4	8	9	5	3	6	1	2	7
7	4	2	6	5	9	3	8	1
3	6	8	2	1	4	5	7	9
1	9	5	3	7	8	2	4	6

11

5	2	7	9	6	1	3	4	8
1	6	4	8	3	2	7	5	9
9	8	3	7	4	5	2	1	6
6	4	8	3	2	7	5	9	1
7	1	5	6	8	9	4	2	3
2	3	9	1	5	4	6	8	7
8	5	6	4	9	3	1	7	2
3	7	2	5	1	8	9	6	4
4	9	1	2	7	6	8	3	5

12

4	6	8	2	7	9	5	3	1
2	1	9	5	6	3	7	4	8
3	7	5	4	8	1	9	2	6
1	8	3	9	5	6	2	7	4
9	2	6	7	4	8	3	1	5
5	4	7	1	3	2	8	6	9
6	5	1	8	2	7	4	9	3
7	3	4	6	9	5	1	8	2
8	9	2	3	1	4	6	5	7

13

2	1	4	3	7	9	5	6	8
6	9	5	1	8	2	4	3	7
7	3	8	6	4	5	1	2	9
8	4	7	2	5	3	6	9	1
5	2	1	9	6	8	7	4	3
9	6	3	4	1	7	2	8	5
4	5	6	8	3	1	9	7	2
1	8	2	7	9	4	3	5	6
3	7	9	5	2	6	8	1	4

14

3	9	7	6	8	1	2	5	4
4	5	6	3	9	2	7	1	8
1	2	8	4	5	7	3	9	6
5	1	3	9	4	6	8	7	2
6	8	2	5	7	3	1	4	9
9	7	4	2	1	8	6	3	5
2	4	1	7	6	5	9	8	3
7	6	5	8	3	9	4	2	1
8	3	9	1	2	4	5	6	7

15

4	1	9	3	7	6	2	8	5
5	6	7	1	8	2	9	4	3
3	2	8	4	5	9	7	6	1
6	4	1	7	9	8	5	3	2
8	3	5	2	1	4	6	7	9
7	9	2	6	3	5	8	1	4
1	8	4	5	2	7	3	9	6
9	5	6	8	4	3	1	2	7
2	7	3	9	6	1	4	5	8

16

7	8	3	5	1	2	9	4	6
2	6	9	4	3	7	8	1	5
1	4	5	8	9	6	3	2	7
5	1	4	9	6	3	2	7	8
8	3	2	7	4	1	6	5	9
6	9	7	2	5	8	1	3	4
3	5	1	6	7	9	4	8	2
9	7	8	3	2	4	5	6	1
4	2	6	1	8	5	7	9	3

17

2	6	7	1	4	9	3	8	5
4	5	8	6	7	3	9	2	1
3	9	1	8	5	2	7	6	4
9	2	3	5	8	4	6	1	7
5	7	6	2	3	1	8	4	9
8	1	4	9	6	7	5	3	2
6	4	9	7	2	8	1	5	3
7	8	2	3	1	5	4	9	6
1	3	5	4	9	6	2	7	8

18

3	4	9	6	8	7	1	2	5
1	2	5	3	9	4	7	8	6
8	7	6	1	2	5	3	9	4
6	5	1	9	4	3	8	7	2
2	8	3	7	5	1	4	6	9
4	9	7	8	6	2	5	1	3
7	6	2	4	3	8	9	5	1
9	1	4	5	7	6	2	3	8
5	3	8	2	1	9	6	4	7

19

5	7	1	6	2	4	9	3	8
2	3	4	7	8	9	5	1	6
8	6	9	5	3	1	4	7	2
1	2	3	4	6	7	8	9	5
7	5	6	3	9	8	2	4	1
9	4	8	1	5	2	3	6	7
4	8	7	9	1	5	6	2	3
6	1	2	8	4	3	7	5	9
3	9	5	2	7	6	1	8	4

20

4	3	7	1	5	9	2	6	8
1	9	8	2	7	6	4	5	3
6	2	5	4	8	3	7	1	9
5	7	9	3	6	4	1	8	2
2	8	1	5	9	7	3	4	6
3	6	4	8	2	1	9	7	5
7	5	2	9	1	8	6	3	4
8	1	3	6	4	2	5	9	7
9	4	6	7	3	5	8	2	1

21

2	5	9	6	8	7	3	4	1
6	8	3	4	1	5	2	9	7
7	1	4	3	9	2	8	6	5
5	3	7	8	2	6	9	1	4
8	2	1	5	4	9	6	7	3
4	9	6	7	3	1	5	8	2
1	7	8	9	5	3	4	2	6
3	4	2	1	6	8	7	5	9
9	6	5	2	7	4	1	3	8

22

1	7	5	4	6	8	3	9	2
2	8	3	1	5	9	6	7	4
4	9	6	7	2	3	8	1	5
7	5	8	3	1	2	4	6	9
6	2	9	8	4	5	1	3	7
3	1	4	9	7	6	2	5	8
9	4	7	6	8	1	5	2	3
8	6	2	5	3	7	9	4	1
5	3	1	2	9	4	7	8	6

23

1	7	4	5	3	8	6	2	9
6	9	8	2	7	1	4	5	3
3	5	2	4	9	6	1	7	8
9	6	1	3	2	7	5	8	4
5	4	3	8	1	9	2	6	7
8	2	7	6	4	5	3	9	1
4	8	6	7	5	3	9	1	2
2	1	5	9	8	4	7	3	6
7	3	9	1	6	2	8	4	5

24

7	5	8	4	9	6	2	3	1
2	4	1	3	7	5	9	8	6
6	3	9	2	1	8	5	4	7
3	6	4	1	2	9	7	5	8
8	9	7	6	5	3	4	1	2
1	2	5	8	4	7	6	9	3
9	1	6	5	3	2	8	7	4
5	8	3	7	6	4	1	2	9
4	7	2	9	8	1	3	6	5

25

2	7	5	1	3	9	4	6	8
3	8	4	5	7	6	9	1	2
6	9	1	2	8	4	7	5	3
7	4	8	3	1	2	6	9	5
1	2	9	6	5	7	3	8	4
5	6	3	9	4	8	2	7	1
9	5	7	4	2	1	8	3	6
8	3	2	7	6	5	1	4	9
4	1	6	8	9	3	5	2	7

26

4	2	7	3	1	9	6	8	5
1	8	9	5	6	7	4	3	2
5	6	3	4	2	8	7	1	9
7	4	6	8	9	3	2	5	1
8	9	2	1	5	4	3	7	6
3	1	5	6	7	2	8	9	4
6	7	1	2	8	5	9	4	3
2	3	8	9	4	1	5	6	7
9	5	4	7	3	6	1	2	8

27

9	8	3	7	5	6	2	1	4
6	7	2	1	9	4	8	3	5
4	5	1	2	3	8	9	6	7
3	6	4	9	7	2	5	8	1
2	9	5	6	8	1	4	7	3
7	1	8	3	4	5	6	2	9
1	4	6	5	2	3	7	9	8
8	3	7	4	6	9	1	5	2
5	2	9	8	1	7	3	4	6

28

2	1	5	3	9	8	4	7	6
8	4	6	1	7	2	5	3	9
9	7	3	6	5	4	1	2	8
3	5	1	8	4	6	7	9	2
7	2	4	5	3	9	6	8	1
6	8	9	2	1	7	3	4	5
5	3	8	7	2	1	9	6	4
4	6	7	9	8	5	2	1	3
1	9	2	4	6	3	8	5	7

29

6	7	2	8	9	5	3	1	4
1	8	5	4	7	3	2	6	9
4	3	9	6	1	2	7	5	8
2	9	3	7	5	4	1	8	6
5	6	4	1	3	8	9	7	2
7	1	8	2	6	9	5	4	3
9	2	6	5	4	1	8	3	7
3	4	1	9	8	7	6	2	5
8	5	7	3	2	6	4	9	1

30

5	2	3	1	4	7	9	6	8
1	9	4	6	5	8	7	2	3
7	6	8	2	3	9	4	5	1
3	8	6	5	9	1	2	7	4
4	1	9	3	7	2	6	8	5
2	7	5	8	6	4	1	3	9
9	5	2	7	1	3	8	4	6
8	3	1	4	2	6	5	9	7
6	4	7	9	8	5	3	1	2

31

1	5	6	2	3	4	7	8	9
8	4	9	6	5	7	1	3	2
2	3	7	8	9	1	4	6	5
6	8	4	3	7	2	5	9	1
9	2	3	1	8	5	6	4	7
5	7	1	9	4	6	3	2	8
4	1	2	5	6	8	9	7	3
7	9	5	4	2	3	8	1	6
3	6	8	7	1	9	2	5	4

32

3	1	2	8	5	9	7	4	6
6	7	9	2	1	4	3	5	8
4	5	8	7	6	3	9	1	2
5	8	7	1	2	6	4	9	3
9	4	1	3	8	5	2	6	7
2	3	6	9	4	7	5	8	1
8	2	3	4	9	1	6	7	5
1	6	4	5	7	2	8	3	9
7	9	5	6	3	8	1	2	4

33

3	2	4	5	1	6	8	9	7
1	6	7	8	2	9	4	3	5
5	9	8	7	4	3	1	2	6
6	1	3	4	5	2	7	8	9
2	7	5	3	9	8	6	4	1
4	8	9	1	6	7	3	5	2
8	5	6	2	7	4	9	1	3
9	3	1	6	8	5	2	7	4
7	4	2	9	3	1	5	6	8

34

8	4	7	9	2	5	3	6	1
5	1	2	6	7	3	4	8	9
6	3	9	1	4	8	2	5	7
7	5	8	4	3	1	9	2	6
3	6	1	8	9	2	7	4	5
9	2	4	7	5	6	1	3	8
1	9	5	2	6	4	8	7	3
2	7	6	3	8	9	5	1	4
4	8	3	5	1	7	6	9	2

35

1	6	4	5	3	7	9	8	2
5	3	8	4	9	2	6	1	7
9	7	2	6	1	8	4	3	5
6	4	1	7	8	9	2	5	3
2	9	7	1	5	3	8	6	4
3	8	5	2	6	4	1	7	9
4	2	6	8	7	5	3	9	1
7	1	3	9	4	6	5	2	8
8	5	9	3	2	1	7	4	6

36

3	7	4	5	8	9	2	6	1
2	8	6	7	4	1	3	9	5
9	1	5	3	6	2	4	8	7
6	2	1	8	3	5	9	7	4
5	3	7	2	9	4	6	1	8
8	4	9	6	1	7	5	2	3
1	5	2	9	7	3	8	4	6
4	9	8	1	5	6	7	3	2
7	6	3	4	2	8	1	5	9

37

7	6	9	2	8	4	1	5	3
2	3	8	5	1	6	7	9	4
1	5	4	9	3	7	6	8	2
5	7	3	6	4	8	9	2	1
9	1	6	7	5	2	3	4	8
8	4	2	3	9	1	5	7	6
4	8	7	1	6	5	2	3	9
3	2	1	8	7	9	4	6	5
6	9	5	4	2	3	8	1	7

38

5	2	7	1	6	9	8	3	4
8	9	1	4	3	2	6	7	5
4	3	6	8	7	5	9	1	2
7	1	9	2	8	4	3	5	6
3	5	8	9	1	6	2	4	7
2	6	4	7	5	3	1	8	9
6	7	2	3	4	1	5	9	8
1	4	5	6	9	8	7	2	3
9	8	3	5	2	7	4	6	1

39

9	1	3	2	7	5	8	4	6
7	2	5	4	8	6	3	1	9
4	8	6	1	3	9	5	2	7
6	5	2	9	4	3	1	7	8
1	3	9	8	2	7	6	5	4
8	4	7	6	5	1	2	9	3
2	6	8	5	9	4	7	3	1
5	7	4	3	1	8	9	6	2
3	9	1	7	6	2	4	8	5

40

2	6	3	5	4	1	7	8	9
5	7	1	3	8	9	6	4	2
9	8	4	6	2	7	5	3	1
3	4	5	2	1	8	9	7	6
7	1	8	9	3	6	2	5	4
6	9	2	7	5	4	8	1	3
1	2	9	4	7	5	3	6	8
4	5	6	8	9	3	1	2	7
8	3	7	1	6	2	4	9	5

41

7	9	2	5	1	4	3	6	8
1	6	5	9	3	8	2	7	4
8	4	3	2	7	6	9	1	5
2	7	9	6	5	1	8	4	3
5	8	4	7	9	3	1	2	6
3	1	6	8	4	2	7	5	9
6	2	7	3	8	5	4	9	1
9	3	1	4	6	7	5	8	2
4	5	8	1	2	9	6	3	7

42

5	9	3	4	7	6	8	1	2
1	4	2	8	9	5	6	3	7
6	8	7	3	2	1	4	5	9
2	3	5	7	8	4	9	6	1
4	1	9	6	5	3	7	2	8
7	6	8	9	1	2	3	4	5
9	2	4	1	6	7	5	8	3
3	7	1	5	4	8	2	9	6
8	5	6	2	3	9	1	7	4

43

1	7	3	6	8	9	2	4	5
5	8	9	2	4	7	1	3	6
2	6	4	1	5	3	9	8	7
8	9	5	4	6	1	3	7	2
6	4	2	7	3	8	5	1	9
7	3	1	5	9	2	4	6	8
3	5	7	8	2	4	6	9	1
4	2	8	9	1	6	7	5	3
9	1	6	3	7	5	8	2	4

44

6	8	1	7	3	9	4	5	2
7	3	2	4	1	5	8	6	9
9	5	4	6	8	2	3	7	1
5	4	3	2	7	6	1	9	8
2	1	6	5	9	8	7	4	3
8	9	7	3	4	1	5	2	6
4	7	8	9	2	3	6	1	5
1	2	5	8	6	4	9	3	7
3	6	9	1	5	7	2	8	4

45

1	5	2	7	6	4	3	9	8
4	9	3	2	8	5	7	1	6
6	7	8	3	1	9	2	4	5
2	3	9	1	7	8	5	6	4
7	8	4	6	5	2	9	3	1
5	6	1	4	9	3	8	2	7
8	2	6	5	3	1	4	7	9
3	1	5	9	4	7	6	8	2
9	4	7	8	2	6	1	5	3

46

3	1	5	8	9	7	4	2	6
6	4	7	2	3	1	9	8	5
2	8	9	6	4	5	1	7	3
4	5	1	3	2	8	6	9	7
8	9	6	7	5	4	2	3	1
7	2	3	1	6	9	5	4	8
9	6	2	5	7	3	8	1	4
5	7	8	4	1	2	3	6	9
1	3	4	9	8	6	7	5	2

47

6	8	5	2	1	9	3	4	7
1	2	7	6	4	3	5	8	9
9	3	4	7	5	8	2	1	6
3	4	6	9	7	1	8	5	2
8	9	2	4	3	5	6	7	1
5	7	1	8	6	2	4	9	3
2	5	9	1	8	6	7	3	4
4	6	8	3	9	7	1	2	5
7	1	3	5	2	4	9	6	8

48

4	8	9	5	1	6	7	3	2
1	3	5	2	7	4	8	9	6
2	7	6	3	9	8	5	4	1
8	1	2	6	3	9	4	5	7
6	9	7	4	2	5	3	1	8
3	5	4	7	8	1	2	6	9
5	4	1	8	6	2	9	7	3
7	6	8	9	4	3	1	2	5
9	2	3	1	5	7	6	8	4

49

4	2	1	7	5	8	6	3	9
8	9	5	3	1	6	7	2	4
7	6	3	4	2	9	1	5	8
3	5	8	9	4	7	2	1	6
1	7	9	6	3	2	4	8	5
2	4	6	1	8	5	3	9	7
6	1	2	5	9	4	8	7	3
5	3	7	8	6	1	9	4	2
9	8	4	2	7	3	5	6	1

50

5	7	6	1	3	2	8	4	9
1	2	9	4	8	5	6	3	7
8	3	4	7	9	6	2	1	5
6	1	5	2	7	3	4	9	8
7	4	3	9	5	8	1	2	6
2	9	8	6	1	4	7	5	3
9	6	7	3	2	1	5	8	4
3	8	1	5	4	7	9	6	2
4	5	2	8	6	9	3	7	1

51

2	1	3	4	8	5	7	9	6
6	8	7	1	9	3	2	5	4
9	4	5	7	2	6	8	1	3
7	3	8	2	5	9	6	4	1
1	6	9	3	7	4	5	2	8
4	5	2	6	1	8	3	7	9
5	9	1	8	3	2	4	6	7
3	7	4	5	6	1	9	8	2
8	2	6	9	4	7	1	3	5

52

9	2	7	4	3	8	1	5	6
5	8	3	9	1	6	4	7	2
1	4	6	5	2	7	9	8	3
3	7	8	1	4	2	5	6	9
2	1	9	6	5	3	7	4	8
4	6	5	7	8	9	3	2	1
8	3	1	2	7	4	6	9	5
6	5	4	8	9	1	2	3	7
7	9	2	3	6	5	8	1	4

53

5	8	9	6	1	4	7	2	3
1	3	4	2	7	5	8	6	9
7	2	6	9	3	8	5	1	4
3	9	5	1	4	6	2	7	8
6	4	8	3	2	7	1	9	5
2	1	7	8	5	9	4	3	6
9	6	1	4	8	2	3	5	7
4	5	3	7	9	1	6	8	2
8	7	2	5	6	3	9	4	1

54

8	9	2	5	4	1	7	3	6
5	3	1	6	9	7	2	4	8
4	6	7	2	3	8	9	1	5
3	2	6	7	8	4	1	5	9
7	5	8	1	6	9	3	2	4
9	1	4	3	2	5	6	8	7
6	7	3	8	5	2	4	9	1
1	4	5	9	7	3	8	6	2
2	8	9	4	1	6	5	7	3

55

2	7	6	4	3	5	8	9	1
3	1	5	2	9	8	6	4	7
4	8	9	7	6	1	2	3	5
1	9	2	6	8	3	7	5	4
6	3	4	5	7	9	1	8	2
7	5	8	1	4	2	9	6	3
9	2	3	8	1	4	5	7	6
5	4	7	9	2	6	3	1	8
8	6	1	3	5	7	4	2	9

56

7	1	3	9	5	4	2	8	6
9	8	2	6	1	3	4	5	7
5	4	6	2	7	8	3	1	9
4	5	7	1	3	6	8	9	2
3	6	1	8	2	9	7	4	5
2	9	8	7	4	5	6	3	1
1	3	9	4	6	2	5	7	8
6	7	4	5	8	1	9	2	3
8	2	5	3	9	7	1	6	4

57

6	4	5	9	2	1	8	7	3
7	9	8	6	3	4	2	1	5
1	2	3	7	8	5	9	4	6
5	1	4	2	6	3	7	9	8
8	6	7	1	5	9	3	2	4
9	3	2	8	4	7	5	6	1
3	5	9	4	1	2	6	8	7
2	8	1	5	7	6	4	3	9
4	7	6	3	9	8	1	5	2

58

1	3	4	5	8	2	7	6	9
6	5	2	7	9	4	8	1	3
7	8	9	1	6	3	4	5	2
5	1	8	2	3	7	9	4	6
2	6	3	4	5	9	1	7	8
4	9	7	6	1	8	2	3	5
3	4	6	8	2	1	5	9	7
8	7	5	9	4	6	3	2	1
9	2	1	3	7	5	6	8	4

59

1	6	4	8	9	2	3	5	7
3	7	8	1	6	5	4	9	2
5	9	2	3	7	4	6	8	1
4	2	5	7	1	6	9	3	8
6	8	1	2	3	9	5	7	4
9	3	7	5	4	8	1	2	6
8	4	9	6	5	7	2	1	3
7	1	6	9	2	3	8	4	5
2	5	3	4	8	1	7	6	9

60

2	1	8	5	9	3	6	4	7
9	7	6	2	8	4	3	1	5
3	4	5	7	1	6	2	9	8
7	3	1	6	4	8	5	2	9
4	5	9	3	2	7	8	6	1
6	8	2	9	5	1	4	7	3
8	6	4	1	3	9	7	5	2
5	9	7	8	6	2	1	3	4
1	2	3	4	7	5	9	8	6

61

6	4	8	9	5	3	2	1	7
1	3	5	2	7	4	6	8	9
2	9	7	6	8	1	5	3	4
4	7	6	1	3	5	9	2	8
9	8	1	7	2	6	4	5	3
3	5	2	4	9	8	1	7	6
7	1	3	5	6	9	8	4	2
5	2	9	8	4	7	3	6	1
8	6	4	3	1	2	7	9	5

62

7	9	5	4	1	6	2	8	3
3	2	6	5	8	9	7	4	1
1	8	4	3	2	7	6	9	5
4	7	8	1	6	3	9	5	2
5	3	1	2	9	4	8	6	7
2	6	9	7	5	8	1	3	4
9	4	3	6	7	2	5	1	8
6	1	7	8	3	5	4	2	9
8	5	2	9	4	1	3	7	6

63

9	7	1	3	8	2	6	4	5
5	4	6	7	9	1	3	8	2
8	2	3	5	6	4	7	9	1
4	9	7	2	3	5	1	6	8
6	1	2	8	4	7	9	5	3
3	8	5	6	1	9	2	7	4
7	3	8	1	5	6	4	2	9
1	6	4	9	2	8	5	3	7
2	5	9	4	7	3	8	1	6

64

6	9	3	5	2	8	1	4	7
5	4	1	7	6	9	3	8	2
7	8	2	3	1	4	5	6	9
3	1	4	8	9	2	7	5	6
2	6	9	1	7	5	4	3	8
8	7	5	6	4	3	9	2	1
4	2	6	9	5	1	8	7	3
9	3	7	4	8	6	2	1	5
1	5	8	2	3	7	6	9	4

65

4	2	9	3	1	7	8	5	6
6	7	8	2	5	9	4	1	3
3	1	5	6	4	8	7	9	2
8	4	1	7	6	5	3	2	9
9	3	6	4	2	1	5	8	7
2	5	7	8	9	3	6	4	1
7	9	3	1	8	4	2	6	5
5	6	4	9	7	2	1	3	8
1	8	2	5	3	6	9	7	4

66

1	9	8	4	6	2	3	7	5
6	3	2	7	5	9	1	4	8
7	4	5	1	8	3	2	6	9
8	1	9	3	7	6	5	2	4
5	2	3	9	4	8	6	1	7
4	7	6	5	2	1	8	9	3
9	8	1	6	3	4	7	5	2
3	5	4	2	1	7	9	8	6
2	6	7	8	9	5	4	3	1

67

7	4	5	1	8	9	6	2	3
6	2	3	4	7	5	8	1	9
9	8	1	3	2	6	4	5	7
1	7	4	5	3	8	2	9	6
2	6	8	9	1	7	5	3	4
3	5	9	2	6	4	1	7	8
5	9	7	8	4	2	3	6	1
4	1	2	6	9	3	7	8	5
8	3	6	7	5	1	9	4	2

68

8	7	9	2	1	4	3	5	6
5	2	6	9	3	7	8	4	1
4	1	3	5	8	6	2	7	9
1	6	8	3	7	2	4	9	5
2	9	7	6	4	5	1	3	8
3	4	5	1	9	8	6	2	7
9	3	4	8	5	1	7	6	2
6	5	1	7	2	3	9	8	4
7	8	2	4	6	9	5	1	3

69

9	1	3	2	7	5	4	8	6
8	2	7	6	1	4	3	5	9
6	5	4	9	8	3	1	2	7
3	4	9	7	2	8	6	1	5
1	7	8	3	5	6	2	9	4
2	6	5	4	9	1	7	3	8
4	3	2	5	6	9	8	7	1
7	9	1	8	4	2	5	6	3
5	8	6	1	3	7	9	4	2

70

5	1	8	6	7	3	2	4	9
3	2	6	4	9	8	5	7	1
7	4	9	1	5	2	6	3	8
1	7	5	9	4	6	8	2	3
6	3	2	8	1	7	4	9	5
8	9	4	2	3	5	1	6	7
9	6	7	5	2	1	3	8	4
2	5	3	7	8	4	9	1	6
4	8	1	3	6	9	7	5	2

71

6	4	7	1	2	8	3	5	9
3	2	9	7	5	6	8	1	4
5	8	1	4	3	9	2	6	7
9	6	2	8	4	7	5	3	1
7	5	4	6	1	3	9	8	2
1	3	8	5	9	2	4	7	6
2	9	6	3	8	1	7	4	5
8	1	5	9	7	4	6	2	3
4	7	3	2	6	5	1	9	8

72

1	3	7	6	4	5	2	8	9
4	5	8	3	9	2	1	6	7
9	6	2	7	8	1	4	3	5
7	4	3	1	5	6	9	2	8
6	8	5	2	3	9	7	1	4
2	9	1	4	7	8	6	5	3
3	7	6	5	1	4	8	9	2
5	1	9	8	2	7	3	4	6
8	2	4	9	6	3	5	7	1

73

1	8	7	9	4	3	5	2	6
9	6	5	7	1	2	4	3	8
3	2	4	5	6	8	1	7	9
2	7	6	1	9	4	8	5	3
4	3	8	2	7	5	6	9	1
5	1	9	3	8	6	7	4	2
6	4	2	8	3	7	9	1	5
7	5	1	6	2	9	3	8	4
8	9	3	4	5	1	2	6	7

74

3	6	9	1	4	2	8	7	5
1	4	2	8	7	5	9	3	6
8	5	7	6	3	9	2	1	4
2	9	4	3	8	6	1	5	7
6	8	3	5	1	7	4	9	2
5	7	1	2	9	4	3	6	8
9	1	6	4	5	8	7	2	3
7	2	8	9	6	3	5	4	1
4	3	5	7	2	1	6	8	9

75

1	7	3	6	4	8	5	2	9
5	9	8	3	2	7	4	1	6
6	2	4	5	9	1	3	7	8
7	4	5	9	1	3	6	8	2
2	1	6	8	5	4	9	3	7
3	8	9	7	6	2	1	5	4
9	5	2	1	8	6	7	4	3
4	3	1	2	7	9	8	6	5
8	6	7	4	3	5	2	9	1

76

5	6	9	7	1	3	4	2	8
3	8	2	6	9	4	5	1	7
4	7	1	8	5	2	3	9	6
2	9	3	4	7	8	1	6	5
7	4	6	1	3	5	9	8	2
1	5	8	2	6	9	7	3	4
9	2	7	3	4	6	8	5	1
8	1	5	9	2	7	6	4	3
6	3	4	5	8	1	2	7	9

77

3	8	5	1	7	4	2	9	6
4	2	1	5	9	6	3	7	8
9	7	6	2	8	3	4	1	5
7	5	3	6	4	2	9	8	1
2	1	9	7	5	8	6	4	3
8	6	4	9	3	1	5	2	7
1	9	7	4	6	5	8	3	2
6	4	8	3	2	7	1	5	9
5	3	2	8	1	9	7	6	4

78

5	2	7	4	9	6	8	3	1
3	9	6	1	8	7	5	4	2
4	8	1	2	3	5	6	9	7
2	4	5	8	6	3	7	1	9
1	3	9	5	7	2	4	6	8
6	7	8	9	4	1	3	2	5
9	5	4	3	2	8	1	7	6
7	1	3	6	5	9	2	8	4
8	6	2	7	1	4	9	5	3

79

1	7	4	3	2	6	8	9	5
9	8	5	7	4	1	6	3	2
3	2	6	8	5	9	7	4	1
4	3	8	6	7	5	1	2	9
7	9	2	1	3	4	5	8	6
5	6	1	9	8	2	3	7	4
6	1	3	2	9	8	4	5	7
8	5	9	4	1	7	2	6	3
2	4	7	5	6	3	9	1	8

80

6	3	8	1	7	2	9	4	5
5	7	9	3	8	4	1	2	6
2	1	4	6	5	9	3	8	7
4	5	7	8	2	3	6	9	1
1	6	2	9	4	5	8	7	3
8	9	3	7	6	1	4	5	2
9	2	1	5	3	8	7	6	4
3	4	6	2	9	7	5	1	8
7	8	5	4	1	6	2	3	9

81

5	3	9	2	4	8	6	7	1
1	7	4	6	9	5	3	2	8
6	2	8	7	3	1	5	9	4
9	1	5	8	2	4	7	3	6
7	8	6	9	5	3	1	4	2
3	4	2	1	6	7	8	5	9
8	9	1	5	7	2	4	6	3
2	5	3	4	8	6	9	1	7
4	6	7	3	1	9	2	8	5

82

4	1	5	9	6	2	3	8	7
2	3	7	1	8	4	5	9	6
6	8	9	3	7	5	2	1	4
8	9	2	6	3	7	1	4	5
1	7	4	5	2	9	8	6	3
5	6	3	4	1	8	9	7	2
9	2	6	7	5	1	4	3	8
7	5	1	8	4	3	6	2	9
3	4	8	2	9	6	7	5	1

83

4	1	7	8	5	3	9	2	6
8	6	5	2	4	9	1	7	3
3	2	9	6	7	1	5	4	8
6	5	1	7	9	8	4	3	2
9	3	2	4	1	6	8	5	7
7	4	8	3	2	5	6	9	1
1	7	3	5	6	4	2	8	9
5	8	6	9	3	2	7	1	4
2	9	4	1	8	7	3	6	5

84

3	1	6	8	5	7	2	9	4
2	9	8	4	3	6	5	7	1
5	7	4	2	1	9	6	8	3
7	8	3	1	2	5	4	6	9
1	6	5	9	4	8	3	2	7
9	4	2	7	6	3	8	1	5
8	2	1	5	9	4	7	3	6
4	3	9	6	7	2	1	5	8
6	5	7	3	8	1	9	4	2

85

9	1	5	2	4	6	7	3	8
6	7	4	5	3	8	9	2	1
3	8	2	7	1	9	6	4	5
8	3	6	4	7	2	1	5	9
4	5	9	3	8	1	2	6	7
7	2	1	6	9	5	3	8	4
2	6	7	1	5	4	8	9	3
1	4	8	9	2	3	5	7	6
5	9	3	8	6	7	4	1	2

86

4	6	8	3	1	9	7	5	2
3	9	7	6	2	5	1	8	4
2	1	5	7	8	4	3	6	9
9	5	2	8	6	3	4	7	1
7	8	4	2	9	1	5	3	6
1	3	6	5	4	7	2	9	8
6	7	9	4	5	2	8	1	3
8	2	3	1	7	6	9	4	5
5	4	1	9	3	8	6	2	7

87

9	3	1	7	6	8	4	5	2
5	8	2	1	3	4	7	6	9
7	4	6	5	2	9	1	8	3
6	5	7	2	9	1	8	3	4
3	2	9	4	8	5	6	1	7
8	1	4	3	7	6	9	2	5
2	7	8	6	4	3	5	9	1
1	9	3	8	5	7	2	4	6
4	6	5	9	1	2	3	7	8

88

5	8	2	4	9	6	1	7	3
9	7	3	2	5	1	4	6	8
1	4	6	7	8	3	5	2	9
8	1	5	3	6	9	2	4	7
4	3	7	5	2	8	9	1	6
2	6	9	1	4	7	3	8	5
7	2	8	9	1	5	6	3	4
3	5	1	6	7	4	8	9	2
6	9	4	8	3	2	7	5	1

89

4	8	9	3	6	7	2	5	1
1	3	5	2	9	8	7	6	4
6	2	7	5	4	1	9	3	8
7	5	1	4	8	3	6	2	9
2	4	3	9	5	6	1	8	7
9	6	8	1	7	2	3	4	5
3	9	4	6	1	5	8	7	2
5	7	2	8	3	9	4	1	6
8	1	6	7	2	4	5	9	3

90

2	9	8	3	4	5	1	6	7
1	5	6	7	2	8	4	9	3
4	3	7	1	9	6	2	5	8
5	2	1	4	8	9	7	3	6
7	8	4	6	3	2	5	1	9
3	6	9	5	1	7	8	4	2
9	7	5	2	6	4	3	8	1
8	4	3	9	7	1	6	2	5
6	1	2	8	5	3	9	7	4

91

4	3	7	8	6	2	1	5	9
8	1	9	5	3	4	2	6	7
2	6	5	1	9	7	8	3	4
3	7	6	9	2	1	5	4	8
5	9	2	4	8	3	7	1	6
1	4	8	6	7	5	9	2	3
7	5	4	3	1	9	6	8	2
9	8	3	2	5	6	4	7	1
6	2	1	7	4	8	3	9	5

92

6	5	3	2	7	1	4	8	9
4	9	1	8	6	3	2	7	5
8	2	7	5	9	4	3	1	6
3	1	4	9	5	2	7	6	8
2	6	5	7	3	8	9	4	1
9	7	8	4	1	6	5	2	3
1	3	2	6	4	9	8	5	7
7	4	9	1	8	5	6	3	2
5	8	6	3	2	7	1	9	4

93

5	9	7	2	3	8	4	1	6
4	1	2	5	6	7	8	3	9
6	3	8	1	4	9	7	2	5
3	6	9	4	2	1	5	8	7
2	8	1	6	7	5	9	4	3
7	4	5	9	8	3	1	6	2
9	2	4	7	1	6	3	5	8
8	7	6	3	5	4	2	9	1
1	5	3	8	9	2	6	7	4

94

3	8	1	9	2	4	6	5	7
6	2	9	7	1	5	8	3	4
7	5	4	3	8	6	9	2	1
2	6	3	4	5	8	7	1	9
9	4	8	1	7	3	2	6	5
5	1	7	2	6	9	3	4	8
8	9	2	6	4	1	5	7	3
4	3	6	5	9	7	1	8	2
1	7	5	8	3	2	4	9	6

95

8	6	9	5	7	2	3	1	4
2	7	5	1	3	4	8	9	6
1	3	4	6	9	8	5	7	2
7	5	2	8	4	1	6	3	9
9	4	1	3	2	6	7	5	8
6	8	3	9	5	7	2	4	1
4	9	7	2	6	5	1	8	3
3	1	6	7	8	9	4	2	5
5	2	8	4	1	3	9	6	7

96

1	4	6	8	5	2	7	3	9
2	7	9	4	1	3	6	8	5
3	8	5	7	9	6	4	1	2
9	1	7	6	2	4	3	5	8
8	5	2	1	3	7	9	6	4
4	6	3	5	8	9	1	2	7
6	9	8	2	7	1	5	4	3
7	2	1	3	4	5	8	9	6
5	3	4	9	6	8	2	7	1

97

2	5	9	4	1	3	6	7	8
3	8	7	2	6	9	4	1	5
6	1	4	8	5	7	3	2	9
4	6	1	3	8	2	5	9	7
5	7	2	9	4	1	8	3	6
9	3	8	5	7	6	1	4	2
8	2	5	1	9	4	7	6	3
7	4	3	6	2	5	9	8	1
1	9	6	7	3	8	2	5	4

98

4	5	9	7	2	3	8	6	1
7	3	6	1	4	8	5	9	2
2	1	8	5	9	6	4	7	3
3	9	4	2	8	1	6	5	7
5	6	7	4	3	9	2	1	8
1	8	2	6	5	7	9	3	4
9	2	1	3	6	4	7	8	5
6	4	3	8	7	5	1	2	9
8	7	5	9	1	2	3	4	6

99

7	3	5	2	8	4	1	9	6
9	6	4	3	7	1	5	2	8
1	8	2	6	9	5	3	4	7
6	9	1	7	3	2	4	8	5
8	4	3	5	6	9	7	1	2
5	2	7	1	4	8	9	6	3
3	5	8	4	1	6	2	7	9
2	1	6	9	5	7	8	3	4
4	7	9	8	2	3	6	5	1

100

6	7	9	3	4	8	2	1	5
3	8	4	5	1	2	7	6	9
2	1	5	7	6	9	4	8	3
5	6	1	9	3	7	8	4	2
8	4	7	1	2	5	9	3	6
9	2	3	6	8	4	1	5	7
1	5	8	2	7	6	3	9	4
4	9	2	8	5	3	6	7	1
7	3	6	4	9	1	5	2	8

101

6	1	4	9	8	3	5	2	7
8	3	5	7	2	4	1	6	9
2	9	7	1	5	6	4	3	8
5	7	3	2	1	8	9	4	6
9	6	8	5	4	7	2	1	3
1	4	2	3	6	9	7	8	5
3	8	1	4	7	5	6	9	2
4	5	6	8	9	2	3	7	1
7	2	9	6	3	1	8	5	4

102

3	6	8	4	1	5	9	2	7
1	7	5	9	6	2	8	3	4
9	4	2	3	7	8	5	1	6
6	5	9	2	3	7	1	4	8
8	2	1	5	4	6	3	7	9
4	3	7	1	8	9	6	5	2
7	9	3	6	2	1	4	8	5
5	8	4	7	9	3	2	6	1
2	1	6	8	5	4	7	9	3

103

8	2	9	5	4	6	3	7	1
1	7	4	2	9	3	8	5	6
3	5	6	8	7	1	2	9	4
5	6	8	1	2	9	4	3	7
4	1	3	7	6	5	9	2	8
2	9	7	3	8	4	6	1	5
7	3	2	6	1	8	5	4	9
6	4	1	9	5	2	7	8	3
9	8	5	4	3	7	1	6	2

104

6	2	1	7	3	5	4	9	8
9	3	4	6	1	8	5	2	7
5	8	7	4	9	2	6	3	1
3	6	5	9	2	1	8	7	4
7	4	2	3	8	6	1	5	9
8	1	9	5	7	4	3	6	2
1	5	8	2	6	7	9	4	3
2	9	6	8	4	3	7	1	5
4	7	3	1	5	9	2	8	6

105

1	5	3	7	9	8	2	4	6
6	7	8	4	1	2	9	3	5
2	9	4	3	6	5	7	1	8
4	3	9	6	5	7	1	8	2
8	2	1	9	3	4	5	6	7
7	6	5	2	8	1	3	9	4
5	8	7	1	4	3	6	2	9
9	1	2	8	7	6	4	5	3
3	4	6	5	2	9	8	7	1

106

1	3	7	9	2	6	8	4	5
4	2	5	8	1	7	6	3	9
8	6	9	4	3	5	2	7	1
7	4	1	2	5	3	9	6	8
3	8	2	6	7	9	5	1	4
9	5	6	1	8	4	7	2	3
5	7	4	3	9	2	1	8	6
2	1	3	5	6	8	4	9	7
6	9	8	7	4	1	3	5	2

107

2	1	7	8	3	9	4	5	6
5	6	9	2	7	4	3	8	1
4	3	8	6	1	5	7	9	2
8	7	4	9	6	3	1	2	5
1	9	3	5	2	8	6	4	7
6	2	5	7	4	1	8	3	9
3	5	2	1	8	7	9	6	4
9	4	1	3	5	6	2	7	8
7	8	6	4	9	2	5	1	3

108

3	7	1	5	9	4	6	8	2
5	4	2	8	1	6	3	9	7
8	6	9	3	7	2	4	5	1
6	2	7	9	3	1	8	4	5
1	8	3	2	4	5	7	6	9
9	5	4	6	8	7	1	2	3
2	3	6	7	5	8	9	1	4
4	9	5	1	6	3	2	7	8
7	1	8	4	2	9	5	3	6

109

7	8	3	2	5	4	1	6	9
6	9	1	3	8	7	4	2	5
2	4	5	6	9	1	8	7	3
3	1	6	5	7	2	9	4	8
9	5	4	1	6	8	2	3	7
8	7	2	4	3	9	5	1	6
1	6	7	8	2	5	3	9	4
5	2	9	7	4	3	6	8	1
4	3	8	9	1	6	7	5	2

110

1	4	8	6	3	9	5	2	7
7	5	2	8	1	4	9	3	6
6	9	3	5	7	2	8	1	4
4	6	9	1	5	3	2	7	8
2	8	1	4	9	7	6	5	3
3	7	5	2	8	6	4	9	1
5	2	4	7	6	1	3	8	9
8	3	7	9	4	5	1	6	2
9	1	6	3	2	8	7	4	5

111

1	9	6	3	7	2	8	5	4
7	8	2	4	6	5	9	3	1
4	3	5	8	1	9	2	7	6
3	7	9	5	4	8	1	6	2
6	5	8	1	2	3	7	4	9
2	4	1	7	9	6	3	8	5
8	2	3	9	5	4	6	1	7
5	6	7	2	3	1	4	9	8
9	1	4	6	8	7	5	2	3

112

4	5	8	7	9	3	1	2	6
7	6	9	2	4	1	5	3	8
1	3	2	5	8	6	7	9	4
9	2	3	1	5	4	8	6	7
5	8	1	6	2	7	9	4	3
6	4	7	8	3	9	2	5	1
3	7	4	9	1	2	6	8	5
2	1	5	4	6	8	3	7	9
8	9	6	3	7	5	4	1	2

113

5	3	6	9	1	8	2	7	4
9	7	2	6	4	5	1	3	8
1	4	8	2	7	3	9	5	6
7	9	3	8	5	6	4	2	1
2	1	5	3	9	4	6	8	7
6	8	4	1	2	7	5	9	3
8	5	1	7	6	9	3	4	2
4	2	7	5	3	1	8	6	9
3	6	9	4	8	2	7	1	5

114

3	8	6	9	2	7	4	5	1
5	1	9	4	8	3	2	7	6
2	4	7	5	1	6	9	8	3
1	6	4	3	5	8	7	2	9
9	7	5	1	4	2	3	6	8
8	2	3	7	6	9	1	4	5
7	3	2	6	9	5	8	1	4
4	5	8	2	3	1	6	9	7
6	9	1	8	7	4	5	3	2

115

5	3	8	1	7	2	9	6	4
2	7	9	6	4	3	1	5	8
6	1	4	8	9	5	3	7	2
8	6	1	5	3	9	4	2	7
3	2	5	4	8	7	6	1	9
4	9	7	2	1	6	5	8	3
9	5	3	7	2	1	8	4	6
1	4	2	3	6	8	7	9	5
7	8	6	9	5	4	2	3	1

116

3	5	6	9	1	8	7	2	4
7	2	8	6	4	5	3	9	1
4	1	9	7	3	2	5	6	8
6	3	2	8	5	9	4	1	7
1	9	4	3	7	6	8	5	2
8	7	5	1	2	4	6	3	9
2	4	7	5	6	1	9	8	3
5	8	1	4	9	3	2	7	6
9	6	3	2	8	7	1	4	5

117

2	3	9	5	6	1	4	8	7
6	1	7	4	8	3	9	2	5
4	8	5	2	7	9	3	1	6
1	9	2	3	5	6	8	7	4
5	4	3	7	1	8	2	6	9
8	7	6	9	4	2	5	3	1
7	5	8	6	2	4	1	9	3
3	2	4	1	9	7	6	5	8
9	6	1	8	3	5	7	4	2

118

4	1	8	3	7	9	2	5	6
6	9	3	2	5	1	7	4	8
7	2	5	4	6	8	1	3	9
8	4	2	9	3	5	6	1	7
1	7	9	8	4	6	3	2	5
3	5	6	7	1	2	8	9	4
2	8	4	1	9	7	5	6	3
5	3	7	6	2	4	9	8	1
9	6	1	5	8	3	4	7	2

119

6	2	7	8	5	1	4	3	9
5	3	4	7	9	6	1	8	2
1	8	9	3	2	4	6	5	7
3	9	6	2	4	5	8	7	1
4	1	5	9	8	7	2	6	3
8	7	2	1	6	3	5	9	4
2	5	8	4	7	9	3	1	6
7	6	3	5	1	2	9	4	8
9	4	1	6	3	8	7	2	5

120

6	8	4	3	7	1	9	5	2
3	5	2	6	4	9	8	1	7
1	9	7	8	5	2	3	6	4
8	7	9	1	2	5	6	4	3
2	1	5	4	3	6	7	8	9
4	3	6	9	8	7	1	2	5
7	4	8	2	1	3	5	9	6
9	2	3	5	6	8	4	7	1
5	6	1	7	9	4	2	3	8

121

7	4	3	6	5	2	9	8	1
6	8	5	9	1	4	2	3	7
9	1	2	8	3	7	5	4	6
8	2	4	7	9	6	1	5	3
3	6	7	1	8	5	4	2	9
5	9	1	4	2	3	7	6	8
2	3	8	5	7	1	6	9	4
1	5	6	3	4	9	8	7	2
4	7	9	2	6	8	3	1	5

122

4	3	2	5	8	6	1	9	7
1	9	6	2	7	4	3	8	5
5	7	8	9	3	1	2	6	4
3	1	7	4	6	5	8	2	9
6	2	9	8	1	7	5	4	3
8	4	5	3	9	2	7	1	6
7	8	1	6	5	9	4	3	2
2	6	3	7	4	8	9	5	1
9	5	4	1	2	3	6	7	8

123

3	1	9	6	2	8	4	7	5
4	5	2	3	7	1	6	9	8
6	8	7	5	9	4	1	2	3
9	4	1	8	5	2	7	3	6
8	7	3	4	6	9	5	1	2
2	6	5	7	1	3	8	4	9
1	3	4	2	8	6	9	5	7
5	9	8	1	3	7	2	6	4
7	2	6	9	4	5	3	8	1

124

7	5	3	8	1	9	2	4	6
9	2	1	4	6	3	5	8	7
4	8	6	2	5	7	9	3	1
6	7	9	1	8	5	3	2	4
5	1	8	3	2	4	7	6	9
3	4	2	7	9	6	8	1	5
2	6	7	5	3	1	4	9	8
8	9	5	6	4	2	1	7	3
1	3	4	9	7	8	6	5	2

125

6	8	1	7	9	3	4	2	5
9	5	4	1	8	2	3	7	6
3	2	7	4	6	5	9	1	8
1	3	9	8	5	6	7	4	2
2	6	5	9	4	7	1	8	3
7	4	8	3	2	1	6	5	9
8	9	2	6	1	4	5	3	7
4	7	6	5	3	8	2	9	1
5	1	3	2	7	9	8	6	4

126

6	7	8	3	2	4	5	9	1
1	4	9	8	5	6	3	7	2
2	3	5	1	9	7	4	8	6
4	1	3	2	7	9	8	6	5
8	6	7	4	1	5	2	3	9
5	9	2	6	3	8	1	4	7
7	8	1	9	4	2	6	5	3
3	5	4	7	6	1	9	2	8
9	2	6	5	8	3	7	1	4

127

5	4	9	6	7	3	2	1	8
6	8	1	2	9	4	3	5	7
7	2	3	1	5	8	6	9	4
8	1	6	4	3	5	7	2	9
2	5	7	9	8	6	1	4	3
3	9	4	7	2	1	5	8	6
1	6	5	3	4	9	8	7	2
9	3	2	8	1	7	4	6	5
4	7	8	5	6	2	9	3	1

128

3	1	2	7	4	5	6	8	9
4	5	6	9	8	1	7	2	3
7	8	9	2	3	6	4	5	1
9	3	5	1	6	8	2	4	7
2	6	7	4	5	9	1	3	8
1	4	8	3	7	2	5	9	6
6	2	4	8	9	7	3	1	5
8	7	1	5	2	3	9	6	4
5	9	3	6	1	4	8	7	2

129

9	3	7	2	4	8	1	6	5
6	4	1	9	7	5	8	3	2
2	8	5	1	6	3	4	7	9
1	9	3	5	8	7	2	4	6
7	2	6	4	9	1	3	5	8
4	5	8	3	2	6	9	1	7
3	6	2	7	1	9	5	8	4
5	7	4	8	3	2	6	9	1
8	1	9	6	5	4	7	2	3

130

6	3	1	2	8	4	5	9	7
9	7	4	5	3	6	1	2	8
5	2	8	7	9	1	6	4	3
3	5	9	4	6	2	7	8	1
8	6	2	1	7	9	3	5	4
1	4	7	3	5	8	2	6	9
7	8	5	6	4	3	9	1	2
2	9	3	8	1	5	4	7	6
4	1	6	9	2	7	8	3	5

131

5	1	4	7	2	3	6	8	9
6	8	7	1	4	9	2	3	5
3	2	9	6	5	8	7	4	1
9	4	1	5	3	6	8	2	7
8	5	3	2	7	1	9	6	4
2	7	6	8	9	4	1	5	3
1	3	2	4	6	7	5	9	8
4	6	8	9	1	5	3	7	2
7	9	5	3	8	2	4	1	6

132

8	1	2	6	3	4	9	5	7
4	7	6	9	8	5	1	2	3
3	9	5	1	7	2	8	4	6
5	2	1	3	9	6	4	7	8
9	4	8	2	1	7	6	3	5
7	6	3	5	4	8	2	1	9
1	3	7	4	6	9	5	8	2
2	8	9	7	5	1	3	6	4
6	5	4	8	2	3	7	9	1

133

1	3	6	2	4	7	8	9	5
4	5	2	8	6	9	3	7	1
7	9	8	1	3	5	6	2	4
3	2	5	4	7	6	9	1	8
9	1	4	5	8	3	2	6	7
8	6	7	9	2	1	5	4	3
5	8	9	7	1	2	4	3	6
2	7	3	6	5	4	1	8	9
6	4	1	3	9	8	7	5	2

134

2	5	8	4	1	9	3	7	6
6	9	3	2	7	5	8	1	4
1	4	7	6	8	3	2	5	9
3	1	6	5	4	8	7	9	2
5	2	4	1	9	7	6	3	8
8	7	9	3	6	2	1	4	5
7	8	1	9	2	4	5	6	3
4	3	2	7	5	6	9	8	1
9	6	5	8	3	1	4	2	7

135

5	3	8	9	4	7	1	2	6
1	6	4	3	8	2	5	9	7
2	7	9	6	1	5	4	8	3
7	8	1	4	5	6	9	3	2
4	2	6	8	3	9	7	5	1
3	9	5	2	7	1	6	4	8
9	4	2	7	6	8	3	1	5
8	1	7	5	9	3	2	6	4
6	5	3	1	2	4	8	7	9

136

7	3	8	9	4	5	1	6	2
1	4	9	2	8	6	3	7	5
5	2	6	7	3	1	8	4	9
8	7	4	3	9	2	6	5	1
9	5	3	1	6	4	7	2	8
6	1	2	5	7	8	4	9	3
2	6	5	4	1	3	9	8	7
3	8	7	6	2	9	5	1	4
4	9	1	8	5	7	2	3	6

137

4	3	8	5	7	1	2	9	6
7	5	2	6	8	9	1	3	4
1	6	9	2	3	4	7	5	8
6	1	5	4	9	2	8	7	3
2	9	7	8	6	3	5	4	1
3	8	4	7	1	5	6	2	9
5	2	1	9	4	6	3	8	7
8	4	3	1	2	7	9	6	5
9	7	6	3	5	8	4	1	2

138

2	6	3	1	7	9	4	5	8
5	8	7	6	3	4	2	1	9
1	4	9	5	8	2	7	3	6
4	2	1	9	5	7	6	8	3
9	3	6	8	2	1	5	7	4
8	7	5	4	6	3	1	9	2
7	1	2	3	9	6	8	4	5
6	9	8	7	4	5	3	2	1
3	5	4	2	1	8	9	6	7

139

6	5	4	2	9	7	8	1	3
8	3	7	1	6	4	5	9	2
9	2	1	8	3	5	4	7	6
2	1	5	6	8	9	3	4	7
4	7	6	3	5	1	9	2	8
3	9	8	7	4	2	6	5	1
5	8	2	9	7	3	1	6	4
1	4	3	5	2	6	7	8	9
7	6	9	4	1	8	2	3	5

140

2	6	3	4	5	8	1	7	9
4	8	1	3	7	9	5	2	6
5	7	9	1	6	2	3	8	4
6	3	2	9	4	7	8	5	1
1	4	7	5	8	6	2	9	3
9	5	8	2	1	3	6	4	7
7	9	6	8	3	5	4	1	2
8	2	4	6	9	1	7	3	5
3	1	5	7	2	4	9	6	8

VERY HARD SUDOKU SOLUTIONS

1

6	3	2	5	1	4	7	9	8
8	4	9	7	2	3	1	5	6
7	5	1	6	9	8	4	3	2
3	8	5	1	4	6	9	2	7
2	6	4	9	7	5	3	8	1
9	1	7	8	3	2	5	6	4
1	7	3	2	8	9	6	4	5
4	2	6	3	5	1	8	7	9
5	9	8	4	6	7	2	1	3

2

1	4	7	3	2	9	5	6	8
2	3	6	4	5	8	1	7	9
9	5	8	6	1	7	3	2	4
6	9	2	5	3	1	8	4	7
5	8	1	7	9	4	2	3	6
4	7	3	2	8	6	9	5	1
3	6	9	1	7	2	4	8	5
7	1	5	8	4	3	6	9	2
8	2	4	9	6	5	7	1	3

3

6	7	9	4	5	1	3	8	2
3	4	2	8	7	9	5	6	1
5	8	1	2	3	6	7	9	4
7	5	4	6	9	8	1	2	3
9	1	8	3	2	5	6	4	7
2	3	6	7	1	4	9	5	8
1	2	5	9	4	3	8	7	6
4	6	3	5	8	7	2	1	9
8	9	7	1	6	2	4	3	5

4

1	3	4	5	6	2	8	7	9
2	5	6	9	7	8	4	1	3
8	9	7	3	4	1	2	5	6
4	7	3	1	9	6	5	8	2
9	1	8	7	2	5	6	3	4
6	2	5	4	8	3	1	9	7
3	8	2	6	1	7	9	4	5
5	6	9	8	3	4	7	2	1
7	4	1	2	5	9	3	6	8

5

1	3	8	7	4	2	6	5	9
2	9	4	3	6	5	7	8	1
5	6	7	9	8	1	2	3	4
3	7	5	1	9	6	8	4	2
4	2	6	8	5	7	9	1	3
8	1	9	4	2	3	5	7	6
6	5	3	2	1	8	4	9	7
9	8	1	6	7	4	3	2	5
7	4	2	5	3	9	1	6	8

6

4	1	8	6	7	2	5	3	9
6	9	2	5	1	3	4	8	7
5	7	3	8	9	4	1	2	6
7	6	4	1	2	9	3	5	8
1	2	9	3	5	8	6	7	4
8	3	5	4	6	7	9	1	2
9	8	6	7	3	1	2	4	5
3	5	7	2	4	6	8	9	1
2	4	1	9	8	5	7	6	3

7

1	2	5	4	8	7	3	9	6
3	9	7	6	1	5	4	8	2
6	4	8	9	3	2	5	7	1
8	7	3	2	4	1	9	6	5
2	5	4	8	6	9	1	3	7
9	1	6	5	7	3	8	2	4
4	3	2	1	9	6	7	5	8
5	8	9	7	2	4	6	1	3
7	6	1	3	5	8	2	4	9

8

6	2	8	4	1	3	5	7	9
1	3	9	5	2	7	4	6	8
5	7	4	9	6	8	3	1	2
3	6	5	1	4	9	2	8	7
7	8	1	2	3	5	6	9	4
4	9	2	8	7	6	1	3	5
2	4	3	7	8	1	9	5	6
8	5	6	3	9	4	7	2	1
9	1	7	6	5	2	8	4	3

9

7	8	1	2	3	4	9	5	6
3	9	5	1	7	6	8	2	4
2	4	6	8	9	5	7	1	3
4	3	7	6	2	1	5	8	9
9	1	2	3	5	8	4	6	7
6	5	8	9	4	7	1	3	2
5	6	9	7	1	3	2	4	8
1	2	3	4	8	9	6	7	5
8	7	4	5	6	2	3	9	1

10

1	3	9	4	8	5	7	2	6
5	2	7	3	6	1	9	8	4
4	8	6	9	7	2	5	1	3
2	4	5	8	3	9	1	6	7
3	6	1	2	5	7	4	9	8
9	7	8	6	1	4	3	5	2
8	1	4	5	2	3	6	7	9
7	9	2	1	4	6	8	3	5
6	5	3	7	9	8	2	4	1

11

2	3	6	4	9	7	5	1	8
7	9	5	6	8	1	3	4	2
4	1	8	2	5	3	7	6	9
3	8	1	5	4	9	2	7	6
5	6	4	7	3	2	9	8	1
9	7	2	1	6	8	4	5	3
8	5	3	9	1	4	6	2	7
6	2	9	8	7	5	1	3	4
1	4	7	3	2	6	8	9	5

12

4	6	7	5	2	1	9	3	8
3	9	2	7	4	8	6	1	5
5	1	8	6	9	3	4	7	2
8	5	1	4	3	7	2	9	6
9	4	3	1	6	2	8	5	7
2	7	6	8	5	9	1	4	3
7	2	9	3	1	6	5	8	4
1	3	5	2	8	4	7	6	9
6	8	4	9	7	5	3	2	1

13

4	3	1	2	5	8	7	6	9
8	7	9	1	6	3	2	4	5
5	6	2	4	7	9	3	1	8
6	4	8	9	3	5	1	2	7
9	2	3	7	4	1	5	8	6
7	1	5	8	2	6	4	9	3
2	9	6	3	1	7	8	5	4
3	8	4	5	9	2	6	7	1
1	5	7	6	8	4	9	3	2

14

1	2	3	8	7	9	6	5	4
7	8	9	6	5	4	1	3	2
4	5	6	2	1	3	9	8	7
2	9	1	3	4	5	7	6	8
6	4	8	7	9	2	5	1	3
5	3	7	1	6	8	4	2	9
8	1	4	9	3	6	2	7	5
9	6	2	5	8	7	3	4	1
3	7	5	4	2	1	8	9	6

15

2	5	4	7	8	1	3	6	9
1	7	9	4	3	6	5	8	2
6	3	8	9	5	2	1	4	7
5	8	7	1	6	9	4	2	3
3	1	6	2	4	5	9	7	8
4	9	2	3	7	8	6	5	1
7	2	5	6	1	3	8	9	4
8	4	3	5	9	7	2	1	6
9	6	1	8	2	4	7	3	5

16

7	1	5	8	2	6	3	4	9
3	6	2	4	9	5	1	7	8
4	8	9	3	7	1	5	6	2
9	7	6	1	5	4	2	8	3
1	2	8	7	3	9	4	5	6
5	3	4	2	6	8	9	1	7
6	5	1	9	8	2	7	3	4
2	4	3	6	1	7	8	9	5
8	9	7	5	4	3	6	2	1

17

2	1	4	3	5	7	8	6	9
3	8	5	6	2	9	1	7	4
9	7	6	1	4	8	2	5	3
1	9	7	4	3	5	6	2	8
4	5	3	8	6	2	7	9	1
6	2	8	9	7	1	3	4	5
8	6	2	5	9	3	4	1	7
5	4	1	7	8	6	9	3	2
7	3	9	2	1	4	5	8	6

18

4	3	6	8	5	1	2	9	7
1	7	9	2	4	3	6	8	5
5	8	2	6	7	9	4	3	1
2	4	8	1	3	6	5	7	9
9	5	1	4	8	7	3	6	2
7	6	3	5	9	2	1	4	8
3	2	4	7	1	8	9	5	6
6	9	7	3	2	5	8	1	4
8	1	5	9	6	4	7	2	3

19

3	6	4	2	1	8	9	7	5
5	8	7	4	3	9	2	1	6
2	9	1	5	7	6	3	4	8
7	4	2	8	9	5	6	3	1
8	1	9	6	2	3	4	5	7
6	3	5	1	4	7	8	9	2
9	5	3	7	6	2	1	8	4
4	2	8	3	5	1	7	6	9
1	7	6	9	8	4	5	2	3

20

4	1	6	2	3	5	8	9	7
5	8	9	7	6	1	4	2	3
3	2	7	8	4	9	1	5	6
8	9	3	1	2	6	5	7	4
1	7	2	3	5	4	6	8	9
6	4	5	9	7	8	2	3	1
7	5	1	4	9	2	3	6	8
2	3	4	6	8	7	9	1	5
9	6	8	5	1	3	7	4	2

21

8	5	9	6	1	3	7	2	4
3	6	7	5	2	4	1	9	8
2	1	4	8	7	9	5	6	3
4	8	1	9	5	2	3	7	6
9	7	6	3	8	1	2	4	5
5	2	3	7	4	6	9	8	1
6	3	2	1	9	8	4	5	7
1	9	5	4	6	7	8	3	2
7	4	8	2	3	5	6	1	9

22

8	2	6	4	7	9	5	1	3
7	5	9	1	3	8	4	2	6
4	1	3	2	6	5	7	8	9
6	7	4	8	1	3	9	5	2
1	3	5	9	4	2	6	7	8
2	9	8	6	5	7	3	4	1
9	4	1	7	8	6	2	3	5
5	8	2	3	9	4	1	6	7
3	6	7	5	2	1	8	9	4

23

7	4	3	6	2	9	5	1	8
5	8	1	4	7	3	6	2	9
2	9	6	1	8	5	4	7	3
3	1	2	5	9	7	8	6	4
8	6	4	3	1	2	7	9	5
9	7	5	8	4	6	2	3	1
1	3	7	2	5	8	9	4	6
6	2	8	9	3	4	1	5	7
4	5	9	7	6	1	3	8	2

24

1	2	4	8	7	9	3	5	6
6	8	3	4	1	5	7	2	9
7	5	9	3	2	6	8	4	1
8	6	2	1	9	7	4	3	5
3	7	5	2	6	4	1	9	8
9	4	1	5	3	8	2	6	7
2	9	6	7	4	1	5	8	3
5	3	7	6	8	2	9	1	4
4	1	8	9	5	3	6	7	2

25

5	2	1	6	3	9	4	7	8
8	4	3	2	5	7	1	6	9
9	7	6	4	8	1	2	3	5
4	8	7	5	9	3	6	1	2
1	6	5	8	7	2	3	9	4
3	9	2	1	4	6	5	8	7
7	5	4	3	6	8	9	2	1
2	3	8	9	1	4	7	5	6
6	1	9	7	2	5	8	4	3

26

5	7	3	1	6	2	8	9	4
1	4	2	9	8	3	5	7	6
6	9	8	5	7	4	1	2	3
2	5	9	7	3	1	6	4	8
7	6	4	8	5	9	3	1	2
8	3	1	4	2	6	7	5	9
9	2	6	3	1	5	4	8	7
3	1	7	2	4	8	9	6	5
4	8	5	6	9	7	2	3	1

27

3	6	2	5	4	8	9	1	7
7	8	4	1	6	9	2	3	5
1	5	9	2	3	7	4	6	8
2	1	3	6	9	5	8	7	4
4	9	6	7	8	3	1	5	2
5	7	8	4	1	2	3	9	6
6	4	5	9	2	1	7	8	3
9	3	7	8	5	4	6	2	1
8	2	1	3	7	6	5	4	9

28

6	2	1	5	4	3	8	9	7
5	7	3	8	2	9	4	1	6
8	9	4	6	7	1	3	2	5
3	5	9	1	6	4	7	8	2
1	4	7	3	8	2	5	6	9
2	6	8	9	5	7	1	4	3
7	8	5	2	1	6	9	3	4
9	1	2	4	3	5	6	7	8
4	3	6	7	9	8	2	5	1

29

4	5	1	2	9	7	6	3	8
9	3	6	1	4	8	2	5	7
8	2	7	6	3	5	4	1	9
1	4	9	5	7	6	3	8	2
5	6	2	3	8	1	9	7	4
7	8	3	9	2	4	1	6	5
6	7	8	4	1	9	5	2	3
3	1	4	7	5	2	8	9	6
2	9	5	8	6	3	7	4	1

30

1	4	5	7	6	8	2	9	3
2	9	6	5	1	3	4	8	7
3	7	8	9	2	4	1	5	6
5	2	4	1	9	6	3	7	8
9	3	7	4	8	2	5	6	1
6	8	1	3	5	7	9	4	2
8	5	9	2	7	1	6	3	4
4	6	2	8	3	5	7	1	9
7	1	3	6	4	9	8	2	5

31

7	6	5	4	9	3	1	8	2
1	2	9	6	7	8	5	3	4
8	3	4	1	5	2	9	6	7
4	8	6	2	1	5	3	7	9
3	5	7	8	4	9	6	2	1
9	1	2	3	6	7	4	5	8
6	7	3	9	8	1	2	4	5
5	4	1	7	2	6	8	9	3
2	9	8	5	3	4	7	1	6

32

8	2	1	9	7	6	4	3	5
5	9	6	3	4	1	8	2	7
7	4	3	2	8	5	6	9	1
4	8	9	5	2	7	1	6	3
1	5	7	8	6	3	9	4	2
3	6	2	1	9	4	5	7	8
6	1	5	7	3	9	2	8	4
9	3	8	4	1	2	7	5	6
2	7	4	6	5	8	3	1	9

33

6	4	7	1	2	5	8	9	3
1	5	8	7	3	9	4	2	6
3	9	2	4	6	8	5	1	7
5	2	6	3	7	1	9	4	8
8	3	4	5	9	2	6	7	1
7	1	9	6	8	4	3	5	2
9	7	1	8	4	6	2	3	5
2	8	3	9	5	7	1	6	4
4	6	5	2	1	3	7	8	9

34

6	3	1	5	4	7	2	9	8
4	9	8	3	1	2	7	5	6
7	2	5	9	6	8	1	3	4
2	8	7	1	5	4	3	6	9
1	5	6	2	9	3	8	4	7
3	4	9	8	7	6	5	1	2
8	1	2	4	3	9	6	7	5
5	6	4	7	2	1	9	8	3
9	7	3	6	8	5	4	2	1

35

2	6	3	4	5	7	1	8	9
1	5	7	8	6	9	2	3	4
4	8	9	3	2	1	6	7	5
3	4	2	7	8	6	5	9	1
5	7	6	1	9	2	8	4	3
9	1	8	5	4	3	7	2	6
7	2	5	6	3	4	9	1	8
6	9	4	2	1	8	3	5	7
8	3	1	9	7	5	4	6	2

36

4	6	9	2	5	7	1	8	3
2	1	3	8	4	6	7	9	5
7	8	5	9	3	1	6	2	4
1	5	2	6	7	8	4	3	9
6	4	7	3	2	9	8	5	1
3	9	8	4	1	5	2	6	7
5	2	1	7	8	3	9	4	6
9	3	4	1	6	2	5	7	8
8	7	6	5	9	4	3	1	2

37

6	1	9	5	7	3	2	4	8
3	7	8	1	2	4	5	6	9
4	5	2	8	9	6	7	3	1
5	6	7	3	8	9	4	1	2
2	8	3	4	6	1	9	7	5
1	9	4	2	5	7	6	8	3
9	2	1	6	4	8	3	5	7
8	4	5	7	3	2	1	9	6
7	3	6	9	1	5	8	2	4

38

5	3	8	6	9	7	2	4	1
7	4	9	2	3	1	8	6	5
6	2	1	4	8	5	7	9	3
1	7	6	3	5	9	4	2	8
4	5	3	8	7	2	9	1	6
8	9	2	1	6	4	5	3	7
2	8	5	9	1	6	3	7	4
9	1	7	5	4	3	6	8	2
3	6	4	7	2	8	1	5	9

39

2	4	5	6	3	1	7	9	8
1	9	3	8	2	7	4	6	5
8	6	7	9	5	4	2	1	3
9	3	1	4	6	2	8	5	7
4	5	6	7	1	8	9	3	2
7	8	2	5	9	3	6	4	1
3	7	8	1	4	9	5	2	6
5	2	9	3	7	6	1	8	4
6	1	4	2	8	5	3	7	9

40

4	3	1	5	2	8	9	6	7
8	2	5	7	6	9	1	3	4
6	7	9	3	4	1	5	8	2
9	4	7	8	3	6	2	1	5
3	6	2	1	7	5	4	9	8
5	1	8	2	9	4	3	7	6
2	8	4	9	1	7	6	5	3
1	5	3	6	8	2	7	4	9
7	9	6	4	5	3	8	2	1

41

4	3	6	2	9	8	1	7	5
2	1	7	6	4	5	8	9	3
8	5	9	3	1	7	4	6	2
1	4	2	7	3	6	9	5	8
9	6	3	5	8	1	2	4	7
7	8	5	4	2	9	3	1	6
5	2	4	1	6	3	7	8	9
3	7	8	9	5	4	6	2	1
6	9	1	8	7	2	5	3	4

42

7	1	4	3	6	5	9	8	2
8	6	3	9	1	2	7	4	5
9	2	5	7	8	4	3	1	6
5	7	6	2	3	1	4	9	8
3	4	9	8	5	7	2	6	1
1	8	2	6	4	9	5	3	7
6	5	7	1	9	3	8	2	4
4	3	1	5	2	8	6	7	9
2	9	8	4	7	6	1	5	3

43

5	1	4	3	8	2	7	6	9
2	8	9	7	4	6	1	5	3
7	3	6	9	5	1	8	2	4
8	5	3	4	2	7	6	9	1
4	2	7	1	6	9	5	3	8
6	9	1	8	3	5	4	7	2
9	6	5	2	1	4	3	8	7
3	4	2	6	7	8	9	1	5
1	7	8	5	9	3	2	4	6

44

3	8	7	2	4	9	5	6	1
5	1	2	6	7	8	4	9	3
4	6	9	1	3	5	7	8	2
1	2	5	9	6	3	8	7	4
6	4	8	7	5	2	3	1	9
7	9	3	4	8	1	6	2	5
9	5	6	3	2	7	1	4	8
8	7	1	5	9	4	2	3	6
2	3	4	8	1	6	9	5	7

45

4	8	7	2	5	9	1	3	6
5	2	3	1	6	7	8	9	4
6	9	1	8	4	3	5	2	7
1	6	5	4	2	8	3	7	9
2	7	4	9	3	1	6	5	8
8	3	9	5	7	6	4	1	2
3	1	2	7	8	4	9	6	5
7	4	6	3	9	5	2	8	1
9	5	8	6	1	2	7	4	3

46

5	4	6	2	9	1	3	8	7
2	7	8	4	5	3	1	6	9
3	1	9	8	6	7	2	5	4
1	3	7	6	2	9	8	4	5
6	2	4	5	1	8	7	9	3
8	9	5	3	7	4	6	2	1
9	5	1	7	8	2	4	3	6
4	6	2	1	3	5	9	7	8
7	8	3	9	4	6	5	1	2

47

2	6	4	5	1	9	3	8	7
1	8	9	6	7	3	2	4	5
3	7	5	4	2	8	1	6	9
5	1	3	8	6	2	9	7	4
6	9	2	3	4	7	5	1	8
8	4	7	1	9	5	6	3	2
4	2	6	9	8	1	7	5	3
9	5	8	7	3	6	4	2	1
7	3	1	2	5	4	8	9	6

48

5	6	2	7	3	4	9	8	1
4	8	9	6	5	1	2	3	7
7	1	3	8	9	2	6	4	5
2	4	8	1	7	6	5	9	3
1	9	5	2	8	3	4	7	6
3	7	6	5	4	9	8	1	2
8	3	1	4	2	5	7	6	9
9	5	7	3	6	8	1	2	4
6	2	4	9	1	7	3	5	8

49

4	8	6	1	7	2	9	5	3
2	7	3	6	5	9	8	1	4
5	9	1	4	8	3	6	2	7
9	6	5	7	2	8	3	4	1
7	3	8	5	4	1	2	9	6
1	4	2	9	3	6	7	8	5
8	1	9	3	6	4	5	7	2
3	5	4	2	9	7	1	6	8
6	2	7	8	1	5	4	3	9

50

3	4	9	7	2	5	6	1	8
2	1	7	3	6	8	4	9	5
8	5	6	9	4	1	3	2	7
4	9	8	1	3	6	5	7	2
1	3	2	4	5	7	8	6	9
6	7	5	2	8	9	1	4	3
7	8	4	5	1	2	9	3	6
9	6	3	8	7	4	2	5	1
5	2	1	6	9	3	7	8	4

51

2	1	7	5	4	8	9	3	6
5	9	6	1	2	3	8	4	7
4	3	8	9	6	7	2	5	1
1	8	2	4	9	5	6	7	3
9	5	4	3	7	6	1	2	8
7	6	3	2	8	1	4	9	5
8	7	9	6	3	2	5	1	4
3	4	5	8	1	9	7	6	2
6	2	1	7	5	4	3	8	9

52

6	3	4	8	9	2	7	5	1
9	2	1	7	5	6	4	8	3
5	7	8	3	1	4	2	9	6
4	1	9	6	2	8	5	3	7
2	5	6	9	3	7	8	1	4
7	8	3	5	4	1	9	6	2
1	4	5	2	6	9	3	7	8
3	6	7	4	8	5	1	2	9
8	9	2	1	7	3	6	4	5

53

3	6	2	4	8	9	7	5	1
1	5	9	2	3	7	8	4	6
8	4	7	1	5	6	3	9	2
6	8	3	5	9	4	2	1	7
7	9	5	8	2	1	6	3	4
4	2	1	6	7	3	9	8	5
5	7	8	3	1	2	4	6	9
9	1	6	7	4	8	5	2	3
2	3	4	9	6	5	1	7	8

54

9	4	3	5	2	6	1	8	7
7	2	5	1	3	8	9	4	6
1	8	6	4	9	7	5	3	2
8	1	4	3	6	2	7	5	9
2	5	9	7	8	4	6	1	3
3	6	7	9	1	5	4	2	8
4	7	2	6	5	3	8	9	1
5	3	1	8	7	9	2	6	4
6	9	8	2	4	1	3	7	5

55

9	7	2	5	4	6	1	3	8
4	6	3	8	1	7	2	5	9
5	1	8	2	3	9	4	6	7
1	8	6	9	2	4	3	7	5
3	2	9	7	5	1	8	4	6
7	5	4	6	8	3	9	1	2
2	3	5	4	6	8	7	9	1
8	9	1	3	7	5	6	2	4
6	4	7	1	9	2	5	8	3

56

4	8	5	3	1	2	6	9	7
1	6	9	7	5	8	3	4	2
2	3	7	6	4	9	5	1	8
5	4	2	8	9	1	7	6	3
9	7	3	4	2	6	8	5	1
8	1	6	5	7	3	4	2	9
6	2	4	9	8	7	1	3	5
3	9	8	1	6	5	2	7	4
7	5	1	2	3	4	9	8	6

57

3	2	6	4	1	9	5	8	7
4	9	1	7	5	8	3	2	6
5	7	8	2	3	6	4	9	1
7	4	9	8	2	3	6	1	5
2	8	5	1	6	7	9	4	3
6	1	3	9	4	5	2	7	8
8	6	2	5	9	1	7	3	4
9	5	7	3	8	4	1	6	2
1	3	4	6	7	2	8	5	9

58

8	9	6	4	5	2	7	1	3
7	2	5	3	1	9	8	4	6
3	1	4	6	8	7	2	9	5
6	8	2	7	3	1	9	5	4
1	5	7	9	4	6	3	8	2
4	3	9	8	2	5	1	6	7
2	4	3	5	9	8	6	7	1
5	7	8	1	6	3	4	2	9
9	6	1	2	7	4	5	3	8

59

2	5	6	1	8	3	4	7	9
3	4	1	9	7	2	6	5	8
8	9	7	5	4	6	2	3	1
1	3	9	6	2	5	8	4	7
6	2	4	8	1	7	3	9	5
7	8	5	3	9	4	1	2	6
4	6	2	7	5	8	9	1	3
5	1	3	4	6	9	7	8	2
9	7	8	2	3	1	5	6	4

60

8	9	4	1	5	7	2	3	6
2	1	5	9	3	6	4	8	7
6	3	7	4	8	2	1	5	9
1	2	3	6	7	8	9	4	5
9	5	6	2	4	1	3	7	8
4	7	8	5	9	3	6	2	1
3	8	1	7	6	4	5	9	2
5	4	2	8	1	9	7	6	3
7	6	9	3	2	5	8	1	4

61

4	5	9	6	1	3	8	2	7
3	6	8	2	9	7	4	5	1
2	7	1	4	5	8	6	9	3
1	8	5	7	6	9	2	3	4
6	9	3	5	2	4	7	1	8
7	4	2	3	8	1	9	6	5
8	1	4	9	3	6	5	7	2
9	2	7	1	4	5	3	8	6
5	3	6	8	7	2	1	4	9

62

7	9	4	5	1	3	2	6	8
8	6	5	9	2	4	1	7	3
1	2	3	8	7	6	4	5	9
2	4	7	3	8	9	6	1	5
3	5	9	6	4	1	8	2	7
6	1	8	7	5	2	9	3	4
4	8	2	1	3	5	7	9	6
5	7	6	2	9	8	3	4	1
9	3	1	4	6	7	5	8	2

63

3	4	7	2	6	1	9	8	5
1	9	8	5	7	4	2	3	6
5	6	2	8	9	3	1	4	7
8	2	1	7	3	9	5	6	4
6	3	4	1	2	5	7	9	8
9	7	5	4	8	6	3	1	2
2	8	3	9	4	7	6	5	1
7	5	9	6	1	8	4	2	3
4	1	6	3	5	2	8	7	9

64

7	9	4	1	6	3	5	8	2
3	8	1	5	2	7	6	9	4
2	6	5	8	4	9	1	7	3
8	4	2	6	3	5	9	1	7
9	5	3	7	8	1	2	4	6
1	7	6	4	9	2	3	5	8
6	1	7	2	5	8	4	3	9
4	3	8	9	1	6	7	2	5
5	2	9	3	7	4	8	6	1

65

7	3	8	9	5	2	1	4	6
6	1	9	3	4	7	2	5	8
4	5	2	6	1	8	7	3	9
2	7	1	4	8	3	9	6	5
3	8	6	5	9	1	4	7	2
9	4	5	2	7	6	3	8	1
5	6	3	1	2	4	8	9	7
8	2	4	7	6	9	5	1	3
1	9	7	8	3	5	6	2	4

66

1	3	6	5	9	2	4	7	8
8	2	5	6	4	7	9	3	1
7	4	9	3	1	8	2	6	5
2	8	7	1	6	5	3	9	4
4	6	1	9	2	3	8	5	7
9	5	3	7	8	4	6	1	2
6	9	4	2	5	1	7	8	3
5	7	2	8	3	6	1	4	9
3	1	8	4	7	9	5	2	6

67

2	4	1	3	8	6	7	5	9
3	7	6	2	5	9	1	8	4
8	9	5	7	1	4	3	6	2
4	8	3	9	6	7	5	2	1
1	2	7	4	3	5	8	9	6
6	5	9	8	2	1	4	7	3
5	3	8	1	9	2	6	4	7
7	1	2	6	4	8	9	3	5
9	6	4	5	7	3	2	1	8

68

7	8	9	5	1	3	2	4	6
6	3	1	7	2	4	5	8	9
2	5	4	9	8	6	1	3	7
9	6	7	4	5	1	3	2	8
3	2	5	8	6	7	4	9	1
4	1	8	3	9	2	6	7	5
1	4	6	2	7	8	9	5	3
8	9	2	6	3	5	7	1	4
5	7	3	1	4	9	8	6	2

69

1	5	7	3	9	2	4	8	6
8	4	6	7	1	5	3	2	9
2	3	9	4	6	8	1	7	5
3	9	5	6	2	4	7	1	8
7	2	8	5	3	1	9	6	4
6	1	4	9	8	7	2	5	3
4	8	3	1	7	6	5	9	2
9	6	1	2	5	3	8	4	7
5	7	2	8	4	9	6	3	1

70

8	9	5	4	6	1	7	3	2
1	4	3	7	2	8	5	6	9
2	6	7	5	9	3	8	4	1
3	7	1	9	4	2	6	5	8
6	5	8	1	3	7	9	2	4
9	2	4	8	5	6	1	7	3
5	3	9	6	8	4	2	1	7
4	1	6	2	7	9	3	8	5
7	8	2	3	1	5	4	9	6

71

2	3	6	4	1	5	7	8	9
4	5	7	8	3	9	1	2	6
8	1	9	2	7	6	3	4	5
9	7	4	1	2	3	6	5	8
6	2	3	7	5	8	4	9	1
5	8	1	9	6	4	2	7	3
1	6	8	5	4	7	9	3	2
3	4	5	6	9	2	8	1	7
7	9	2	3	8	1	5	6	4

72

6	4	5	3	8	2	7	1	9
9	2	8	1	4	7	3	6	5
1	3	7	9	6	5	4	2	8
8	9	6	2	5	3	1	4	7
7	5	4	6	1	8	9	3	2
2	1	3	4	7	9	5	8	6
5	6	1	8	9	4	2	7	3
4	7	2	5	3	6	8	9	1
3	8	9	7	2	1	6	5	4

73

5	1	6	3	7	2	8	4	9
4	2	7	6	8	9	3	1	5
9	3	8	1	5	4	6	2	7
1	6	3	7	4	8	5	9	2
2	8	9	5	1	6	4	7	3
7	5	4	9	2	3	1	6	8
8	9	1	4	3	7	2	5	6
6	4	2	8	9	5	7	3	1
3	7	5	2	6	1	9	8	4

74

3	1	2	5	8	6	7	9	4
8	5	9	3	4	7	2	1	6
6	7	4	9	1	2	8	3	5
7	9	5	8	3	4	1	6	2
2	4	8	1	6	5	9	7	3
1	3	6	7	2	9	5	4	8
9	6	3	2	7	8	4	5	1
5	2	1	4	9	3	6	8	7
4	8	7	6	5	1	3	2	9

75

8	1	9	5	2	6	3	7	4
3	2	5	4	7	1	6	8	9
4	6	7	8	3	9	1	2	5
5	4	6	2	1	7	9	3	8
2	9	8	3	4	5	7	1	6
1	7	3	6	9	8	4	5	2
9	3	4	1	8	2	5	6	7
6	8	1	7	5	4	2	9	3
7	5	2	9	6	3	8	4	1

76

2	7	9	3	1	5	6	8	4
5	8	4	7	2	6	1	9	3
3	1	6	8	4	9	2	5	7
9	2	5	6	8	7	3	4	1
6	4	1	2	5	3	8	7	9
7	3	8	1	9	4	5	2	6
4	9	2	5	6	1	7	3	8
8	6	7	4	3	2	9	1	5
1	5	3	9	7	8	4	6	2

77

3	7	8	2	1	6	4	5	9
9	6	2	4	5	8	3	7	1
4	5	1	9	7	3	6	2	8
6	8	5	7	3	1	9	4	2
1	3	4	5	9	2	8	6	7
7	2	9	6	8	4	1	3	5
8	1	7	3	6	5	2	9	4
2	9	3	1	4	7	5	8	6
5	4	6	8	2	9	7	1	3

78

5	8	3	7	6	9	2	1	4
2	1	4	3	8	5	6	7	9
6	7	9	1	4	2	5	3	8
9	3	2	4	5	1	7	8	6
1	4	8	6	3	7	9	5	2
7	6	5	9	2	8	1	4	3
4	2	6	5	7	3	8	9	1
8	9	7	2	1	4	3	6	5
3	5	1	8	9	6	4	2	7

79

5	1	3	2	4	9	8	6	7
4	8	2	7	1	6	3	5	9
6	9	7	8	3	5	2	1	4
9	3	6	1	7	2	5	4	8
1	7	4	5	8	3	6	9	2
2	5	8	6	9	4	1	7	3
3	2	9	4	6	1	7	8	5
8	4	1	3	5	7	9	2	6
7	6	5	9	2	8	4	3	1

80

5	2	6	3	9	7	4	8	1
7	8	1	2	4	5	3	6	9
4	9	3	6	8	1	5	7	2
3	4	2	8	7	6	1	9	5
1	5	8	9	2	3	6	4	7
9	6	7	1	5	4	2	3	8
8	1	4	5	3	9	7	2	6
2	3	5	7	6	8	9	1	4
6	7	9	4	1	2	8	5	3

81

5	9	1	3	8	7	4	6	2
2	8	3	4	6	9	1	7	5
7	6	4	5	1	2	8	3	9
4	1	7	9	2	3	6	5	8
6	3	2	8	4	5	7	9	1
9	5	8	1	7	6	2	4	3
3	4	6	2	9	8	5	1	7
1	2	9	7	5	4	3	8	6
8	7	5	6	3	1	9	2	4

82

2	4	7	6	3	1	8	9	5
5	6	8	7	9	2	4	3	1
3	9	1	5	8	4	2	7	6
1	3	2	4	6	7	9	5	8
4	8	6	9	5	3	1	2	7
7	5	9	1	2	8	3	6	4
8	2	5	3	1	6	7	4	9
6	1	4	2	7	9	5	8	3
9	7	3	8	4	5	6	1	2

83

2	9	1	4	7	8	6	5	3
5	7	8	2	6	3	1	4	9
4	3	6	5	9	1	2	7	8
7	5	3	1	8	9	4	6	2
8	1	2	6	4	5	3	9	7
9	6	4	3	2	7	5	8	1
6	2	7	8	3	4	9	1	5
3	8	5	9	1	6	7	2	4
1	4	9	7	5	2	8	3	6

84

2	6	5	3	1	4	8	7	9
1	4	8	9	6	7	3	5	2
3	7	9	8	5	2	4	1	6
7	2	4	5	9	3	1	6	8
5	8	1	2	7	6	9	4	3
6	9	3	4	8	1	5	2	7
8	5	6	7	4	9	2	3	1
4	1	2	6	3	8	7	9	5
9	3	7	1	2	5	6	8	4

85

1	6	3	8	5	7	2	9	4
8	2	5	1	4	9	7	6	3
4	7	9	6	2	3	1	5	8
6	4	1	3	9	5	8	2	7
7	3	2	4	6	8	5	1	9
9	5	8	2	7	1	4	3	6
2	8	6	5	3	4	9	7	1
3	9	4	7	1	2	6	8	5
5	1	7	9	8	6	3	4	2

86

4	9	8	7	1	5	6	2	3
3	5	7	4	6	2	8	1	9
6	2	1	9	8	3	7	4	5
7	3	5	6	2	1	9	8	4
1	6	2	8	4	9	3	5	7
8	4	9	3	5	7	2	6	1
5	1	3	2	9	8	4	7	6
2	7	4	5	3	6	1	9	8
9	8	6	1	7	4	5	3	2

87

4	7	9	5	2	8	3	1	6
3	1	5	4	6	7	2	8	9
2	6	8	1	3	9	7	5	4
7	8	2	3	9	6	1	4	5
1	5	3	2	8	4	9	6	7
9	4	6	7	5	1	8	3	2
6	9	7	8	1	5	4	2	3
8	2	4	6	7	3	5	9	1
5	3	1	9	4	2	6	7	8

88

8	5	9	6	2	7	4	3	1
4	7	2	1	3	5	6	9	8
3	1	6	9	4	8	7	2	5
5	6	1	8	7	9	2	4	3
2	4	8	3	1	6	5	7	9
7	9	3	4	5	2	1	8	6
6	3	4	2	8	1	9	5	7
1	2	7	5	9	3	8	6	4
9	8	5	7	6	4	3	1	2

89

1	4	3	5	2	9	7	6	8
6	9	7	1	4	8	3	5	2
5	8	2	6	7	3	9	4	1
7	3	8	4	5	6	1	2	9
9	1	4	7	3	2	5	8	6
2	6	5	9	8	1	4	3	7
3	2	1	8	9	4	6	7	5
8	5	6	3	1	7	2	9	4
4	7	9	2	6	5	8	1	3

90

7	2	4	1	8	9	6	5	3
8	1	6	3	4	5	2	9	7
3	5	9	2	7	6	4	1	8
2	6	8	5	1	4	7	3	9
1	7	3	9	6	2	5	8	4
9	4	5	7	3	8	1	2	6
4	8	1	6	2	3	9	7	5
5	3	2	4	9	7	8	6	1
6	9	7	8	5	1	3	4	2

91

1	5	4	8	3	9	2	7	6
8	7	2	1	6	5	3	4	9
6	3	9	4	2	7	1	5	8
7	4	3	6	1	8	9	2	5
2	8	5	7	9	3	4	6	1
9	6	1	5	4	2	7	8	3
4	2	6	3	5	1	8	9	7
5	1	7	9	8	4	6	3	2
3	9	8	2	7	6	5	1	4

92

5	7	9	3	4	8	1	6	2
6	3	8	5	2	1	7	9	4
4	1	2	6	7	9	3	8	5
3	5	7	4	9	6	8	2	1
2	6	1	8	5	7	9	4	3
9	8	4	1	3	2	6	5	7
1	4	6	7	8	5	2	3	9
7	2	3	9	6	4	5	1	8
8	9	5	2	1	3	4	7	6

93

6	9	2	1	3	5	8	4	7
5	4	8	2	7	6	1	9	3
1	3	7	9	8	4	6	5	2
2	5	3	6	4	1	9	7	8
7	8	4	3	2	9	5	1	6
9	1	6	8	5	7	3	2	4
8	7	5	4	1	3	2	6	9
4	2	9	5	6	8	7	3	1
3	6	1	7	9	2	4	8	5

94

4	8	1	3	6	9	5	2	7
2	6	5	7	8	1	9	4	3
7	3	9	4	2	5	6	8	1
1	2	3	5	7	6	8	9	4
5	9	7	8	3	4	1	6	2
6	4	8	1	9	2	7	3	5
8	7	2	6	1	3	4	5	9
3	1	4	9	5	8	2	7	6
9	5	6	2	4	7	3	1	8

95

3	7	9	6	1	8	2	4	5
1	4	8	2	3	5	7	6	9
2	6	5	7	4	9	1	8	3
5	2	7	4	8	6	3	9	1
6	9	1	5	2	3	4	7	8
4	8	3	1	9	7	5	2	6
7	1	6	8	5	4	9	3	2
8	3	2	9	7	1	6	5	4
9	5	4	3	6	2	8	1	7

96

1	7	2	4	5	3	8	6	9
6	5	8	7	1	9	2	3	4
3	4	9	2	8	6	1	5	7
5	9	1	3	4	2	7	8	6
4	8	3	5	6	7	9	2	1
2	6	7	1	9	8	5	4	3
7	1	6	8	3	5	4	9	2
9	2	5	6	7	4	3	1	8
8	3	4	9	2	1	6	7	5

97

1	5	8	3	4	6	2	9	7
2	6	9	7	1	8	4	3	5
3	4	7	5	2	9	1	6	8
5	1	4	8	3	2	9	7	6
7	3	2	6	9	1	5	8	4
9	8	6	4	7	5	3	2	1
8	7	3	2	5	4	6	1	9
4	2	1	9	6	7	8	5	3
6	9	5	1	8	3	7	4	2

98

1	3	5	9	4	6	2	8	7
2	6	9	5	8	7	1	3	4
4	7	8	2	3	1	5	6	9
3	2	1	7	9	5	6	4	8
7	9	4	6	1	8	3	2	5
8	5	6	4	2	3	7	9	1
9	4	7	1	6	2	8	5	3
6	1	3	8	5	4	9	7	2
5	8	2	3	7	9	4	1	6

99

5	1	4	7	2	3	9	6	8
3	6	9	5	8	4	7	2	1
7	2	8	6	9	1	3	4	5
1	7	3	4	5	9	6	8	2
4	5	6	2	3	8	1	7	9
9	8	2	1	6	7	4	5	3
6	9	5	3	4	2	8	1	7
2	3	7	8	1	6	5	9	4
8	4	1	9	7	5	2	3	6

100

4	8	5	3	1	9	6	2	7
9	3	7	4	6	2	1	8	5
2	6	1	8	7	5	3	9	4
5	7	8	2	9	1	4	3	6
3	2	4	7	8	6	5	1	9
6	1	9	5	3	4	2	7	8
1	9	2	6	4	7	8	5	3
7	4	3	1	5	8	9	6	2
8	5	6	9	2	3	7	4	1

101

1	5	3	7	4	6	9	2	8
8	7	2	1	3	9	4	6	5
4	6	9	8	2	5	1	3	7
7	2	1	3	9	8	5	4	6
6	9	4	5	1	2	7	8	3
5	3	8	4	6	7	2	1	9
3	1	5	9	8	4	6	7	2
9	4	6	2	7	3	8	5	1
2	8	7	6	5	1	3	9	4

102

8	7	3	5	2	6	4	1	9
5	4	1	3	9	8	6	2	7
9	6	2	4	1	7	5	3	8
6	1	5	8	7	4	2	9	3
7	3	4	9	5	2	1	8	6
2	8	9	6	3	1	7	4	5
1	2	6	7	8	3	9	5	4
4	9	8	1	6	5	3	7	2
3	5	7	2	4	9	8	6	1

103

4	5	1	6	3	7	2	8	9
6	8	9	1	2	5	4	7	3
2	3	7	4	9	8	6	5	1
7	6	4	2	8	3	1	9	5
1	9	3	7	5	6	8	2	4
5	2	8	9	1	4	3	6	7
8	4	5	3	6	9	7	1	2
3	1	6	5	7	2	9	4	8
9	7	2	8	4	1	5	3	6

104

8	3	6	1	9	7	5	2	4
2	7	5	8	4	3	6	1	9
4	9	1	2	5	6	8	3	7
5	8	7	4	3	1	9	6	2
1	4	3	6	2	9	7	8	5
6	2	9	7	8	5	1	4	3
3	1	4	9	7	8	2	5	6
9	6	2	5	1	4	3	7	8
7	5	8	3	6	2	4	9	1

105

2	6	5	9	4	7	3	8	1
4	8	1	2	5	3	6	7	9
3	7	9	6	1	8	4	2	5
5	3	8	1	9	6	2	4	7
6	1	4	7	3	2	9	5	8
7	9	2	4	8	5	1	6	3
8	5	6	3	2	1	7	9	4
9	2	3	5	7	4	8	1	6
1	4	7	8	6	9	5	3	2

106

4	2	3	6	5	9	8	1	7
9	7	5	3	8	1	6	4	2
8	1	6	4	7	2	5	9	3
5	9	4	1	6	3	2	7	8
6	3	7	9	2	8	1	5	4
1	8	2	7	4	5	9	3	6
7	6	8	5	1	4	3	2	9
2	5	9	8	3	7	4	6	1
3	4	1	2	9	6	7	8	5

107

6	1	3	5	2	4	7	8	9
2	7	4	1	8	9	3	6	5
8	9	5	6	7	3	2	4	1
3	6	8	9	4	2	1	5	7
7	5	9	3	1	6	8	2	4
4	2	1	7	5	8	6	9	3
1	3	2	8	9	5	4	7	6
5	4	6	2	3	7	9	1	8
9	8	7	4	6	1	5	3	2

108

2	4	1	5	9	6	8	7	3
6	3	9	8	4	7	2	1	5
8	5	7	1	2	3	6	4	9
1	6	4	9	7	2	3	5	8
7	2	8	4	3	5	9	6	1
5	9	3	6	8	1	4	2	7
4	7	6	3	5	9	1	8	2
9	8	5	2	1	4	7	3	6
3	1	2	7	6	8	5	9	4

109

3	9	6	2	4	7	5	1	8
2	1	4	8	5	9	3	7	6
5	7	8	3	6	1	4	2	9
6	2	5	9	7	4	1	8	3
4	3	7	5	1	8	9	6	2
1	8	9	6	2	3	7	4	5
7	6	2	1	9	5	8	3	4
8	5	1	4	3	2	6	9	7
9	4	3	7	8	6	2	5	1

110

1	8	4	2	5	7	3	9	6
6	5	9	1	3	8	2	4	7
3	2	7	4	6	9	8	5	1
2	7	5	9	8	1	4	6	3
8	1	6	3	4	2	5	7	9
9	4	3	5	7	6	1	2	8
5	6	2	7	1	3	9	8	4
4	3	8	6	9	5	7	1	2
7	9	1	8	2	4	6	3	5

111

2	4	5	6	8	7	9	1	3
6	7	8	3	1	9	2	5	4
9	1	3	2	4	5	8	7	6
1	3	9	4	7	2	5	6	8
5	2	6	8	9	1	3	4	7
4	8	7	5	6	3	1	9	2
7	5	2	1	3	6	4	8	9
3	9	4	7	5	8	6	2	1
8	6	1	9	2	4	7	3	5

112

1	2	5	9	6	4	3	7	8
8	6	7	1	3	2	4	9	5
3	9	4	8	5	7	6	2	1
2	3	1	4	7	6	8	5	9
7	4	8	2	9	5	1	6	3
9	5	6	3	8	1	2	4	7
6	1	9	7	2	3	5	8	4
4	8	2	5	1	9	7	3	6
5	7	3	6	4	8	9	1	2

113

2	6	3	1	7	9	4	5	8
1	8	4	2	5	3	7	6	9
7	5	9	6	8	4	2	3	1
5	2	1	9	3	6	8	7	4
6	4	8	7	1	2	5	9	3
9	3	7	5	4	8	6	1	2
3	1	6	4	2	7	9	8	5
8	9	2	3	6	5	1	4	7
4	7	5	8	9	1	3	2	6

114

4	7	3	9	8	5	2	6	1
1	6	9	4	2	7	5	3	8
8	5	2	6	1	3	7	9	4
9	2	4	3	5	8	6	1	7
6	3	7	1	9	4	8	2	5
5	8	1	2	7	6	9	4	3
2	4	5	8	3	9	1	7	6
7	1	6	5	4	2	3	8	9
3	9	8	7	6	1	4	5	2

115

2	6	4	5	7	3	8	1	9
7	1	9	2	8	6	3	5	4
3	8	5	1	9	4	2	7	6
8	9	6	4	3	1	7	2	5
4	7	1	9	5	2	6	8	3
5	3	2	8	6	7	9	4	1
9	2	8	6	4	5	1	3	7
1	4	3	7	2	9	5	6	8
6	5	7	3	1	8	4	9	2

116

3	4	1	2	6	8	7	9	5
5	8	2	7	9	3	6	1	4
9	7	6	4	5	1	8	2	3
2	6	3	1	8	4	9	5	7
4	9	8	5	3	7	1	6	2
7	1	5	9	2	6	4	3	8
1	3	4	6	7	5	2	8	9
6	5	9	8	4	2	3	7	1
8	2	7	3	1	9	5	4	6

117

8	3	7	1	4	5	6	9	2
4	2	1	6	7	9	5	8	3
9	6	5	3	2	8	4	1	7
1	4	2	7	3	6	8	5	9
5	7	8	9	1	2	3	6	4
3	9	6	5	8	4	7	2	1
7	8	3	2	6	1	9	4	5
2	5	4	8	9	3	1	7	6
6	1	9	4	5	7	2	3	8

118

4	6	8	9	5	3	1	2	7
1	5	3	4	7	2	9	8	6
7	2	9	1	8	6	4	3	5
3	1	5	7	2	8	6	9	4
2	9	7	5	6	4	8	1	3
8	4	6	3	9	1	5	7	2
5	3	2	6	1	9	7	4	8
6	8	1	2	4	7	3	5	9
9	7	4	8	3	5	2	6	1

119

2	3	9	4	1	6	7	8	5
7	1	4	5	8	2	3	9	6
6	5	8	3	7	9	1	2	4
1	4	3	2	5	8	6	7	9
5	6	7	9	4	1	8	3	2
8	9	2	6	3	7	4	5	1
4	2	5	7	6	3	9	1	8
9	7	1	8	2	4	5	6	3
3	8	6	1	9	5	2	4	7

120

1	3	7	5	8	2	6	4	9
5	4	9	6	1	3	7	2	8
2	6	8	4	9	7	5	3	1
3	8	5	1	6	9	2	7	4
7	2	1	3	5	4	9	8	6
4	9	6	2	7	8	3	1	5
8	5	3	9	2	1	4	6	7
9	7	4	8	3	6	1	5	2
6	1	2	7	4	5	8	9	3

121

6	2	1	4	8	9	3	7	5
5	7	4	3	1	2	9	8	6
9	8	3	5	6	7	1	2	4
3	6	8	7	4	5	2	9	1
1	4	2	6	9	8	7	5	3
7	9	5	2	3	1	6	4	8
8	3	6	9	7	4	5	1	2
2	1	9	8	5	3	4	6	7
4	5	7	1	2	6	8	3	9

122

4	7	5	8	6	9	3	1	2
6	2	3	4	7	1	5	8	9
9	1	8	2	3	5	4	6	7
7	5	4	3	9	6	1	2	8
3	9	2	7	1	8	6	5	4
1	8	6	5	2	4	7	9	3
5	3	7	1	8	2	9	4	6
2	4	9	6	5	7	8	3	1
8	6	1	9	4	3	2	7	5

123

5	2	1	7	4	6	8	3	9
3	4	6	9	8	5	7	1	2
9	7	8	3	2	1	4	6	5
6	9	3	4	7	8	2	5	1
7	8	5	2	1	9	3	4	6
4	1	2	5	6	3	9	7	8
2	3	9	6	5	4	1	8	7
1	5	7	8	3	2	6	9	4
8	6	4	1	9	7	5	2	3

124

2	1	5	6	3	8	4	7	9
4	3	9	7	2	5	6	8	1
6	7	8	1	9	4	2	3	5
8	5	3	2	6	1	9	4	7
7	6	1	4	8	9	5	2	3
9	4	2	3	5	7	1	6	8
1	8	4	9	7	6	3	5	2
5	2	6	8	1	3	7	9	4
3	9	7	5	4	2	8	1	6

125

7	1	3	9	2	5	4	8	6
8	6	2	4	1	7	9	3	5
9	5	4	6	3	8	1	7	2
4	2	6	3	5	1	8	9	7
5	3	9	8	7	4	2	6	1
1	7	8	2	9	6	3	5	4
3	8	5	1	6	2	7	4	9
2	9	7	5	4	3	6	1	8
6	4	1	7	8	9	5	2	3

126

8	9	7	6	5	4	1	3	2
1	6	4	2	8	3	5	9	7
3	2	5	7	9	1	6	4	8
5	3	2	4	6	8	7	1	9
9	8	6	3	1	7	2	5	4
4	7	1	9	2	5	3	8	6
2	4	3	1	7	9	8	6	5
6	1	8	5	4	2	9	7	3
7	5	9	8	3	6	4	2	1

127

8	2	7	4	6	9	3	1	5
4	1	3	2	5	8	7	6	9
9	6	5	3	7	1	8	2	4
1	4	6	8	9	2	5	3	7
5	3	8	1	4	7	2	9	6
7	9	2	6	3	5	4	8	1
2	8	4	5	1	6	9	7	3
3	7	1	9	2	4	6	5	8
6	5	9	7	8	3	1	4	2

128

1	7	3	8	2	4	9	5	6
8	5	9	6	7	3	4	1	2
2	4	6	9	5	1	7	3	8
6	2	4	3	9	5	1	8	7
5	9	7	1	8	6	3	2	4
3	1	8	2	4	7	6	9	5
9	3	5	4	6	2	8	7	1
4	8	2	7	1	9	5	6	3
7	6	1	5	3	8	2	4	9

129

1	7	8	5	2	9	6	4	3
2	9	4	6	3	8	7	5	1
5	3	6	4	7	1	8	9	2
3	6	9	1	8	5	4	2	7
4	1	2	7	9	3	5	6	8
8	5	7	2	6	4	3	1	9
6	2	1	8	4	7	9	3	5
7	4	3	9	5	2	1	8	6
9	8	5	3	1	6	2	7	4

130

8	4	5	7	2	9	6	3	1
6	3	9	1	5	8	2	4	7
1	2	7	6	3	4	9	5	8
7	8	2	3	1	6	4	9	5
4	5	1	9	7	2	3	8	6
9	6	3	4	8	5	1	7	2
5	7	6	2	4	3	8	1	9
2	1	4	8	9	7	5	6	3
3	9	8	5	6	1	7	2	4

131

6	4	7	9	8	2	5	1	3
1	5	8	6	4	3	7	2	9
2	9	3	1	7	5	4	6	8
3	7	6	8	2	4	9	5	1
4	1	5	7	6	9	8	3	2
9	8	2	5	3	1	6	4	7
5	2	9	4	1	8	3	7	6
8	6	1	3	5	7	2	9	4
7	3	4	2	9	6	1	8	5

132

6	3	8	2	1	9	5	4	7
9	4	2	5	3	7	1	6	8
5	1	7	8	6	4	3	2	9
7	5	4	1	9	2	6	8	3
8	6	1	4	5	3	7	9	2
3	2	9	6	7	8	4	1	5
1	8	5	3	2	6	9	7	4
2	7	3	9	4	1	8	5	6
4	9	6	7	8	5	2	3	1

133

4	9	5	3	8	1	2	6	7
8	2	7	6	9	4	5	1	3
1	6	3	7	2	5	9	4	8
9	7	2	1	3	8	4	5	6
3	5	1	2	4	6	8	7	9
6	8	4	9	5	7	1	3	2
2	1	6	4	7	9	3	8	5
7	3	8	5	1	2	6	9	4
5	4	9	8	6	3	7	2	1

134

2	8	9	4	3	7	5	1	6
1	7	3	6	8	5	2	9	4
4	5	6	2	1	9	7	3	8
3	2	4	5	6	1	9	8	7
8	6	1	7	9	4	3	2	5
7	9	5	3	2	8	4	6	1
5	1	8	9	4	2	6	7	3
6	4	2	1	7	3	8	5	9
9	3	7	8	5	6	1	4	2

135

2	5	7	6	8	9	4	3	1
3	6	9	4	2	1	7	5	8
8	4	1	3	5	7	6	9	2
4	8	5	1	6	3	2	7	9
1	7	2	5	9	8	3	4	6
9	3	6	7	4	2	8	1	5
6	1	4	8	3	5	9	2	7
5	9	8	2	7	4	1	6	3
7	2	3	9	1	6	5	8	4

136

8	9	5	7	2	3	4	1	6
7	3	2	6	4	1	8	5	9
4	6	1	8	5	9	2	7	3
1	7	9	5	8	6	3	4	2
6	5	4	2	3	7	1	9	8
3	2	8	9	1	4	5	6	7
5	8	6	1	7	2	9	3	4
2	4	7	3	9	5	6	8	1
9	1	3	4	6	8	7	2	5

137

9	6	5	8	1	3	4	7	2
1	2	3	7	5	4	8	9	6
8	7	4	2	6	9	1	3	5
6	4	8	5	7	1	9	2	3
2	5	7	9	3	8	6	4	1
3	1	9	4	2	6	5	8	7
5	9	6	3	8	7	2	1	4
4	3	2	1	9	5	7	6	8
7	8	1	6	4	2	3	5	9

138

9	1	3	2	8	7	5	4	6
4	2	7	6	5	9	8	1	3
8	5	6	3	4	1	9	2	7
2	3	8	5	6	4	1	7	9
6	4	9	7	1	3	2	5	8
1	7	5	8	9	2	3	6	4
3	9	2	1	7	6	4	8	5
5	6	1	4	3	8	7	9	2
7	8	4	9	2	5	6	3	1

139

8	1	2	4	6	9	5	7	3
5	7	9	2	1	3	6	4	8
3	4	6	5	7	8	2	1	9
9	2	1	3	4	6	8	5	7
6	8	5	7	2	1	3	9	4
4	3	7	8	9	5	1	6	2
7	6	8	9	5	2	4	3	1
2	5	4	1	3	7	9	8	6
1	9	3	6	8	4	7	2	5

140

3	9	2	5	1	7	6	4	8
1	7	6	4	2	8	5	3	9
5	8	4	3	6	9	7	2	1
7	4	3	1	8	6	2	9	5
9	1	5	2	4	3	8	6	7
2	6	8	7	9	5	3	1	4
4	3	7	9	5	2	1	8	6
6	5	1	8	3	4	9	7	2
8	2	9	6	7	1	4	5	3

www.ingramcontent.com/pod-product-compliance
Lightning Source LLC
Chambersburg PA
CBHW080232220526
45467CB00038B/2226

* 9 7 9 8 3 7 7 4 1 5 3 6 7 *